管理者必备的财务通识手册

罗　浩◎编著

中国铁道出版社有限公司
CHINA RAILWAY PUBLISHING HOUSE CO., LTD.

内 容 简 介

本书不同于普通的财务类书籍，而是主要从管理者的角度出发，对管理工作中涉及的财务相关知识和分析方法进行了具体介绍。

全书共 11 章，分为四部分。首先介绍了企业管理者进行财务管理前应当掌握的财务管理基础知识；其次，从管理角度解读和分析企业的财务报表，从而了解企业状况；再次，从全局角度介绍各项企业经营活动涉及的财务知识；最后介绍了企业并购、重组、破产和清算中涉及的财务知识。

本书主要针对的是非财务专业的企业管理者、经营者和股东等。此外，有一定财务基础的管理者也可从本书中学习相关财务知识，从而看懂企业的经营状况和财务成果，提升自身管理水平。

图书在版编目（CIP）数据

管理者必备的财务通识手册 / 罗浩编著 .—北京：中国铁道出版社有限公司，2021.10
ISBN 978-7-113-28180-9

Ⅰ . ①管⋯ Ⅱ . ①罗⋯ Ⅲ . ①企业管理 – 财务管理 – 手册 Ⅳ . ① F275-62

中国版本图书馆 CIP 数据核字（2021）第 144972 号

书　　名：管理者必备的财务通识手册
GUANLIZHE BIBEI DE CAIWU TONGSHI SHOUCE
作　　者：罗　浩

责任编辑：王　佩　张文静　　编辑部电话：（010）51873022　　邮箱：505733396@qq.com
封面设计：宿　萌
责任校对：焦桂荣
责任印制：赵星辰

出版发行：中国铁道出版社有限公司（100054，北京市西城区右安门西街 8 号）
印　　刷：北京铭成印刷有限公司
版　　次：2021 年 10 月第 1 版　2021 年 10 月第 1 次印刷
开　　本：700 mm×1 000 mm 1/16　印张：15　字数：198 千
书　　号：ISBN 978-7-113-28180-9
定　　价：59.80 元

前言

财务管理实质上就是对企业的各项财务资金进行管理。一个企业的财务如果出现问题，则有可能导致企业整体运营困难、发展缓慢，严重时还有可能导致企业破产、倒闭。因此，财务工作对于企业管理十分重要。而作为管理者，也非常有必要去了解和掌握一定的财务知识。

现实情况却是许多管理人员并不懂财务知识，无法对企业财务工作起到有效的指导和管理作用，导致出现财务风险的可能性增加。

与一般财会人员不同的是，管理者主要是从总体上管理各项财务工作，因此不必对财务知识有全面系统的掌握，在掌握财务基础知识之上，更重要的是学会如何从管理者的角度去发现、分析和解决财务问题，从而帮助企业获得更好的发展，提升企业竞争力。

为了帮助企业管理者掌握必备的财务知识，我编写了本书。希望本书能够弥补企业管理者和相关管理人员自身财务知识的不足，帮助管理者看懂财报、分析财报，以及发现和解决企业存在的财务管理问题和经营问题，从而提升管理水平，促进企业财务规范化。

本书共 11 章，可划分为四部分。

- 第一部分为第 1 章，这部分主要介绍企业管理者应当掌握的财务基础知识，如管理者应具备的财务思维、应清楚的会计对象和要素、会计恒等式及会计三大报表之间的关系等，从最简单的财会知识入手，帮助管理者夯实基础。
- 第二部分为第 2 ~ 5 章，这部分主要介绍企业的资产负债表、利润表、现金流量表和所有者权益变动表。通过学习这部分内容，企业管理者能够了解各大报表中的重要项目及主要指标、各个指标代表的含义及通过财务报表能够分析得出哪些信息。
- 第三部分为第 6 ~ 10 章，这部分主要介绍与企业经营管理相关的财务知识，包括企业预算、成本控制、投融资决策、税务工作及财务风险控制，帮助管理者从全局角度进行财务管理。
- 第四部分为第 11 章，这部分主要介绍企业在并购、重组、破产和清算中涉及的财务知识。只有管理者了解这些内容，在面对具体情况时才能知道该如何操作。

本书对企业管理者应当掌握的财务管理知识进行了全方位的讲解，帮助管理者厘清需要掌握的最实用的财务知识。本书在讲解过程中配合丰富的案例、表格和图示进行内容表达，降低枯燥感的同时让读者能够轻松掌握本书的知识。

最后，希望所有读者都能从本书中学到想学的知识，丰富自己的财务管理知识和技能，更好地将其运用于实战，提升自身的管理能力。

编　者

目录

第 1 章　优秀的管理者必须掌握的财务基础知识

企业管理者对于企业而言，不仅要起到运营管理的作用，还要对企业的财务状况了然于胸，这样才能避免企业因为财务问题而出现危机。管理者要了解企业财务状况，首先需要掌握财务基础知识。

第 2 章　了解企业家底才能更好地开展管理工作

资产负债表是管理者需要看懂的三大报表之一，对管理者了解企业的资产和负债情况有较大的帮助。管理者只有了解企业的家底有多少，并进行必要分析，才能更好地开展管理工作。

第 3 章　借助利润表才能清楚企业是否赚钱

利润通常是企业管理者和投资者比较关注的指标，因为可通过它看出企业是否发展良好。管理者想要了解企业是否赚钱，可以通过利润表快速了解。另外，也可以通过利润数据调整企业的管理策略，使企业更好地发展。

第 4 章　管好现金流才能让企业有钱可用

现金流指企业资金的日常往来情况，可以帮助管理者了解资金流向。管理者需要从现金流量表中了解日常资金使用情况，诊断企业经营是否健康，确定企业合理的现金持有量，促进企业健康发展。

第 5 章　细读所有者权益变动表和财务报表附注

企业资产负债表中包含了所有者权益的大致情况，而所有者权益变动表是一张反映构成所有者权益的各个部分变动情况的报表。企业管理者想要详细了解所有者权益，就需要了解所有者权益变动表和报表附注。

第 6 章　做好企业的全面预算管理可防止透支

企业在经营过程中有可能出现支出过大或者支出不合理的情况，而企业的管理者要想解决这些问题，就需要组织相关人员做好预算工作，对各项开支进行严格规范，对企业的收支情况做到心中有数，才能有效避免企业资金透支。

第 7 章 管理者如何做好企业的成本控制

企业正常运营通常为了盈利，而要考虑盈利就必须要了解成本，如果企业成本过高，即使有收入也可能出现亏损。管理者要做好成本、费用等管控，避免企业出现资金周转不灵的情况。

第 8 章 从财务角度指导管理者做好投融资决策

融资和投资可看成资金进与出的过程，融资时接收外部资金，而投资则是向外投入资金。企业管理者需要为企业做好融投决策，使企业的资金更加灵活，使用效率更高，给企业带来收益，让企业能够平稳且快速运营和发展。

第 9 章 做管理也要懂点税收知识与税务筹划

企业经营过程中可能涉及的税务较多，管理者也需要了解税务相关知识，对企业税务工作起到监督作用。此外，还需要重视企业税务筹划以及相关风险控制的工作，避免企业利益受到不必要的损失。

第 10 章 防范和控制财务风险是管理者的职责

财务风险是企业经营过程中难以避免的，企业管理者要善于分析和发现企业存在的财务风险，并且及时进行风险分散或预防，避免给企业造成不良影响甚至严重的经济损失。

第 11 章 了解并购、重组、破产、清算中的财务问题

并购、重组、破产和清算都是企业经营过程中可能发生的重大事件，也是企业管理者需要掌握的管理内容。这些事件中涉及的财务问题更是企业管理者需要重点了解的。

第1章

优秀的管理者必须掌握的财务基础知识

企业管理者对于企业而言，不仅要起到运营管理的作用，还要对企业的财务状况了然于胸，这样才能避免企业因为财务问题而出现危机。管理者要了解企业财务状况，首先需要掌握财务基础知识。

为什么说优秀的管理者必须懂财务

如今，企业之间的竞争日趋激烈，所以在企业内部，需要进行规范化的管理，才能使企业有更好的发展，在竞争中处于优势地位。对于管理者而言，不仅要做好日常经营管理工作，还要懂得一些财务知识，才能管理好企业。

那么，为什么管理者必须要懂财务知识呢？

能看懂和分析财务报表，对企业有一个基本判断。企业财务报表既反映企业的财务状况，同时也是企业经营状况的综合反映。因此，通过分析企业财务报表，就能对企业财务状况及整个经营状况有一个基本的了解。尤其是了解资金运作是否合理，并以此作为管理的依据。

通过财务制度规范企业生产经营行为。企业管理者只有懂得一些财务知识，才能遵守国家财会法规，对财务报表负责，从而指导财会人员工作，才能在企业内部建立监督机制。也只有懂得一些财务知识，才能应用财务指标来建立企业的绩效考评机制，防范企业的财务风险。

能充分发挥财务部门在聚财、理财及财务监督方面的职能。企业发展过程中要求管理者做好企业资金的计划性管理，使资金运转合理。资金得到合理运用是财务部门的职责，也是企业管理者应该关心的问题。只有管理者懂得财务知识，才能充分发挥财务部门在聚财、理财及财务监督方面的职能，做好资金管理工作。

财务数据能够为企业决策提供依据。很多企业的管理者都忙于生产和经营，不注重财务知识的学习，他们往往更注重市场、技术，认为决策就是生产、技术、销售和研发的事，却不知这些决策都是为了盈利，自然也离不开财务数据的支持。因此，掌握基础的财务知识是管理者必备的素质之一。

管理者了解财务知识，对于日常管理工作也有较大的帮助，具体有以下几个优点。

- ◆ 了解财务术语及其基本含义，有助于加深对各类经济事件的分析理解。
- ◆ 避免被财务人员做假行为蒙蔽，操纵公司。
- ◆ 管理者了解的东西越多，越有可能树立更高的权威，形成人格魅力，这种感召力是其他资源无法比拟的。
- ◆ 从财务报表等反映出的情况可对公司经营状况有整体上的把握。

作为企业的管理者，如果不了解财务知识的话，或者是对财务管理问题没有任何研究，就可能导致企业的发展出现问题。下面具体来看企业管理者不懂财务可能带来的问题，如图 1-1 所示。

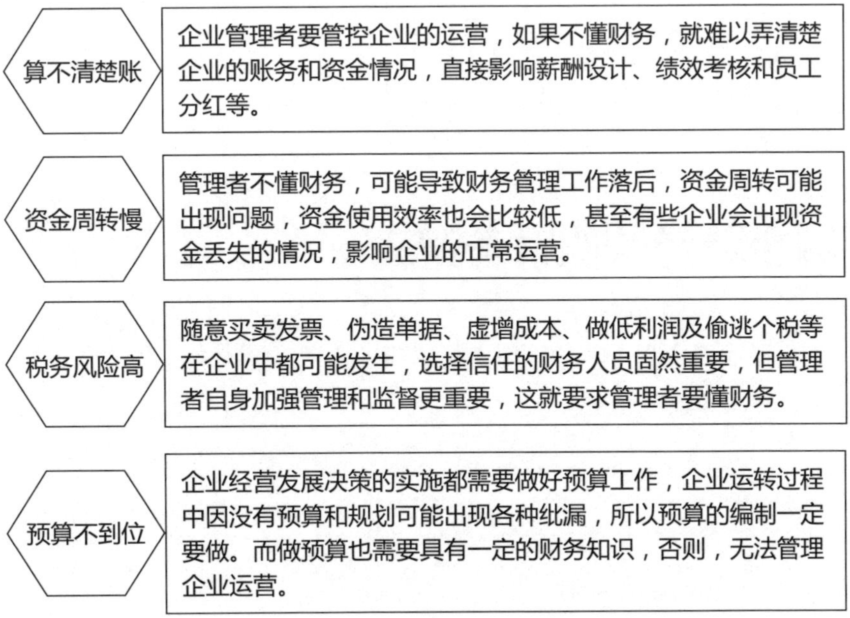

图 1-1　企业管理者不懂财务可能带来的问题

下面来看一个管理者不懂财务造成企业损失的具体案例。

某生产加工企业运营正常，最近新招聘了一名财务部门负责人，该财务负责人上任不久，便以财务软件陈旧为由向管理人员要求更换财务软件。管理者也不是很懂这方面的问题，但由于对该财务部门负责人印象较好，于是就批准同意了他的要求。

然而更换系统后，除了该财务部门负责人外，其他人都不了解该软件。新旧软件都没能很好地利用，导致企业出现做账问题，一些报表难以按时做好，财务数据也出现较多的纰漏。

后来财务人员把有问题的报表提交到了税务局，税务局发现企业报表存在较大的税务问题，最终根据计算结果要求该企业补缴 1 000.00 多万元的税款，管理人员也因此需要承担相应责任。

从上述案例可以看出，由于该企业管理人员不了解财务方面的知识，无法对财务工作进行严格把控，从而导致企业财务工作出现问题，最终使企业遭受了较大的经济损失。

理解企业经营的财务逻辑

企业管理者作为企业的管理人员，除了需要了解财务基础知识，还应当具备企业经营的财务逻辑。

企业经营的财务逻辑主要包括三个部分，分别是企业的基本经济循环、财务角度看赚钱步骤和弄清企业经营的四大关系，下面分别进行介绍。

◆ 企业基本经济循环

经济循环是一种符合可持续发展观念的经济增长模式，目前大多数企业都想要达到经济循环的经营状态。企业管理者需要从经济循环中了解企业经济活动、资金来源、资金运用和资金增值。

一般企业的经济循环路线如图 1-2 所示。

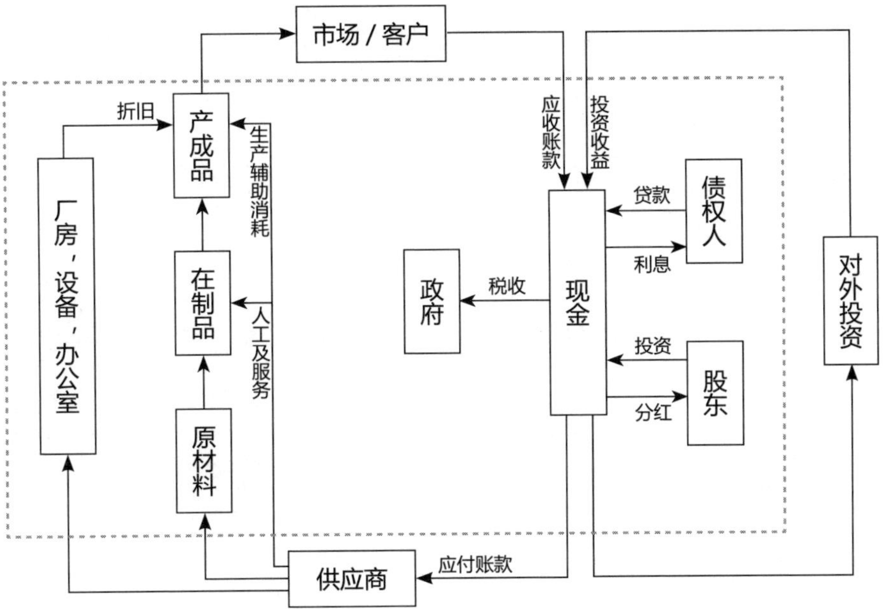

图 1-2　企业经济循环路线

◆ 财务角度看赚钱步骤

企业实现赚钱通常需要经过四个步骤，分别是从“资本→资源→收入→利润→现金流”，通过这样的步骤即可实现循环。

资本→资源。从资本到资源主要是一个资本集中的过程，一般包括股东资本投入和向债权人举债（负债），最终形成企业的经营资源。

资源→收入。从资源到收入主要指利用资源通过生产产品、进行投资或是提供服务等方式，获得回报，即收入。

收入→利润。从收入到利润的过程，需要扣除生产经营成本，并加上投资收益。

利润→现金流。企业经营活动、投资活动等获得的净利润即可汇入企业的现金流，进入下一轮的生产经营或投资。

◆ 弄清企业经营的四大关系

企业管理者需要了解的企业经营的四个关系，分别是资本与资源、效率与效益、投入与产出及价值与风险，如表 1-1 所示。

表 1-1　企业经营的四个关系

关　系	具体介绍
资本与资源	资本是用于投资并得到利润的本金和财产，是人类创造物质和精神财富的各种社会经济资源的总称，也是拥有的物力、财力、人力等各种物质要素的总称，如企业的应收账款、存货及对外投资等
效率与效益	效率指以尽可能少的投入获得尽可能多的产出，通常指正确地做事，即不浪费资源；效益指某一特定系统运转后所产生的实际效果和利益。通常情况下，效率越高，效益也就越好
投入与产出	投入和产出的含义较为简单，当投入量大于产出量时，说明成本增加，这是因为花在制造这个产品上的价值量大；当投入量小于产出，成本减少，这是经济效益增加的表现
价值与风险	价值与风险是相辅相成的，价值越高，相对应的风险也就越高。一般的，风险越大，要求的投资收益率也越高

管理者应具备的财务思维

作为企业管理者，不一定要掌握完整的会计知识与财税知识，但必须对企业的重要财务指标和经营数据有基本的了解与判断。在做决策时，能够通过财务数据、经营分析结果等进行判断和决策。

然而很多时候，由于知识与思维的局限，管理者也会对事物做出错误的判断，因此要求管理人员应当具备财务思维。下面具体介绍企业管理者应当具备的财务思维。

（1）加强学习，夯实基础

建立逻辑思维需要有一定的专业知识作为知识储备。因此，管理者需要在实践工作的基础上，对行业的基础知识、财务的基础知识有一定的了解和认识，可以选择合适的学习渠道逐渐增加知识储备。

（2）企业收入高，利润不一定高

在考虑企业的利润时，不得不考虑的就是成本问题。有时为了追求高收入，企业可能会进行扩张，会招更多人来做事，也就有可能背负更多的债务，导致企业的费用大幅度上升，最终可能会超过收入的增长百分比，就会导致收入高但利润不高的现象。

（3）资产规模不决定企业强弱

在如今的知识经济时代，资产规模大并不代表着企业就一定强。决定收入的并不是资产的规模大小，而是资产质量的高低和资产周转的快慢，以及商业模式是否优化且合理。

下面来看具体案例。

某企业在过去的 54 年时间里，雇用了 220 万名员工，达到了 3 000.00 万亿元的销售收入。但是另一个企业在 13 年时间里，雇用了 8 000 名员工就做到了同等水平的销售收入，后者的资产规模也小于前者。

所以我们可以看出，同样都是 3 000.00 万亿元的收入，两个企业的资产规模却不同。由此也说明了资产规模并不能代表企业强弱。

（4）企业获得融资不一定是好事

企业的融资方式包括债务融资和股权融资，其中债务融资会使企业背负利息负担，使企业的资产负债率上升，可能给企业带来财务危机。

负债按流动性不同，可以划分为流动性负债和非流动性负债，两者对企业经营都会存在影响。

- **流动负债**：例如短期的借贷。比如企业向银行借了一笔短期借款，但是没有在规定日期还清，信用就会下降，多次发生则可能影响企业今后的借贷业务，从而影响企业资产的流动性。
- **非流动负债**：例如长期借贷。比如企业向银行借了一笔钱，为期30年，但最后无法偿还，银行有权对企业进行破产清算，按照规定程序将企业进行拍卖，拍卖所得归银行所有，以保障它作为债权人的权益。

财务入门基本概念不可不知

企业管理者要想了解和掌握企业的发展情况，特别是财务状况，就需要了解一些常见的财务基础知识。

（1）会计是财务的基础

会计是运用专门的方法，核算和监督一个单位经济活动的一种经济管理工作，通过记账、算账、报账等一系列程序来提供反映企业财务状况和经营成果的经济信息。

我国《企业会计准则》中对会计核算的目标做了明确规定：会计的目标

是向财务报告使用者提供与企业财务状况、经营成果和现金流量等有关的会计信息，反映企业管理层受托责任履行情况，有助于财务报告使用者做出经济决策。下面具体来看会计的职能，如图 1–3 所示。

第一点：反映职能

会计主要是从数量方面反映各单位的经济活动情况，通过一定的核算方法，为经济管理提供数据资料。反映职能应包括事前、事中、事后的反映，即贯穿于经济活动的全过程。

第二点：监督职能

会计监督主要是利用会计资料和信息反馈对企业的经济活动的全过程加以控制和指导。会计监督除货币监督，还有实物监督。会计监督的内容是从本单位经济效益出发，对经济活动的合理性、合法性、真实性、正确性和有效性进行的全面监督。

第三点：参与经营决策职能

决策必须建立在科学预测的基础上，而管理者在预测与决策时都需要掌握大量的财务信息，这些资料都必须依靠会计来提供。因此，为企业取得最大经济效益奠定基础的参与决策的职能，是会计的一项重要职能。

图 1–3　会计的职能

企业管理者如果想要了解全面的会计信息，可以学习会计学。

（2）什么是财务管理

财务管理是在一定的整体目标下，关于资产的购置（投资）、资本的融通（筹资）、经营中现金流量（营运资金）以及利润分配的管理。财务管理是企业管理的一个组成部分，它是根据财经法规制度，按照财务管理的原则，组织企业财务活动，处理财务关系的一项经济管理工作。

财务管理主要是前期的会计工作，通过统计分析数据，制订财务计划、调整目标及进行经营决策等。图 1–4 为财务管理的目标。

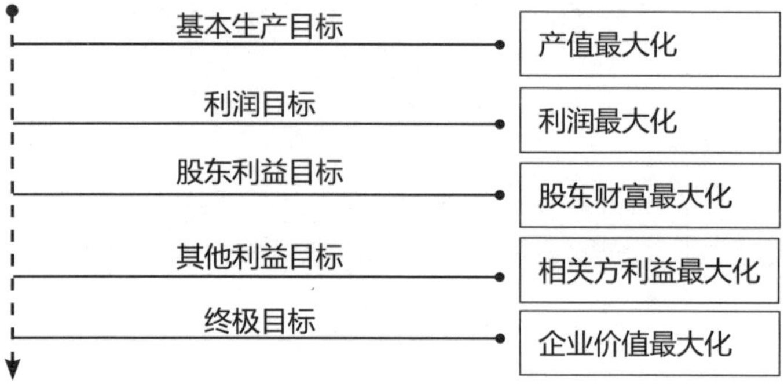

图 1–4 财务管理的目标

◆ 财务管理的重点

财务管理的重点是企业管理者需要了解的，这样管理者才能有侧重地进行财务管理。

加强统筹协调和配合。加强企业内部各方面和财务的协调统筹与配合，明确企业预算的支持方向和重点。

构建内部体系。构建企业财务管理能力认证体系，提升企业财务管理能力，推动企业强化内部约束和财务管控，实现财务管理创新。

借鉴参考经验。借鉴其他企业的财务管理经验，明确不同财务人员的地位、作用和职责权限。

实现财务管理循环。做好财务控制和预算，实现财务管理循环，促进企业管理不断发展。

◆ 财务管理原则

企业管理者在日常工作中要想避免犯错，还需要掌握和遵循表 1–2 所示的财务管理基本原则。

表 1-2　财务管理基本原则

原　　则	具体介绍
风险收益原则	对额外的风险需要有额外的收益进行补偿
货币的时间价值原则	今天的钱比未来的钱更值钱
价值的衡量	价值的衡量要考虑的是现金而不是利润
不盲目追求高利润	在竞争市场上没有利润特别高的项目
利益并非一定一致	管理人员与所有者的利益不一致
纳税决策原则	纳税行为可能会影响业务决策
风险不可避免原则	企业经营的风险有多种，有些可以通过分散来消除，有些则只能降低
职业道德原则	道德行为就是要做正确的事情，而在金融业中处处存在着道德困惑，这就需要管理者加强自身道德建设

无论多么优秀的管理者都有可能在财务管理过程中犯错，管理者只有重视这些错误，才能时刻提醒自己。经营过程中可能出现的财务管理问题如表 1-3 所示。

表 1-3　可能出现的财务管理问题

问　　题	具体介绍
事前预算不力，事后分析不到位	管理者事前没有采集数据进行认真分析并编制预算，事中也没有对预算完成情况进行严格考核，事后评价和分析不到位
信息化程度不高，缺乏财务创新	很多企业的财务管理模式受网络技术的限制，管理分散，电子化程度不高，财务信息在上下级之间无法共享，监管信息反馈滞后，工作效率低下
财务架构不健全，组织机构设置不合理	大部分企业财务机构的设置是中间层次多、效率低；还有部分企业在财务机构设置方面不够科学、规范，有的甚至未设置专门的财务机构

续表

问　题	具体介绍
内控体系不完善，缺乏风险管理意识	部分企业财务运行不够规范，权责不到位，内部控制制度等基本财务管理制度不健全。还有部分企业甚至缺乏风险管理和控制机制，这样容易出现问题
成本核算粗放，成本控制不严	成本核算不标准，无法给企业的生产或销售决策指明标准，导致企业经营成本超出预算

◆ 财务问题防范措施

针对前面介绍的问题，企业管理者应当如何进行防范呢？具体可以参考如下措施。

建立财务危机预警系统。该系统可预知财务风险，当发现危害企业财务状况的关键因素时即发出警告，以提醒经营者早做准备或采取对策。

建立财务风险意识。管理者要时刻关注国家宏观政策的变化，对企业投资项目、经营项目、筹借资金和经营成本等方面可能产生的负面效应提早预测。另外，还需关注市场供需关系的变化，防止企业成本费用和资金需求增加使财务成本上升，导致资金链中断，从而出现经营亏损或资不抵债的财务危机。

建立企业内部控制制度。主要是对企业的货币资金控制、采购与付款控制、销售与收款控制及对外投资控制等。

建立企业内部监督制度。例如建立内部审计制度，对企业内部经济活动和管理制度是否合规、合理和有效进行独立评价。

财务风险存在于财务管理工作的各个环节，任何环节的工作失误都可能给企业带来财务风险，企业的经营者、管理者和财务人员必须将风险防范贯穿于财务管理工作的始终。

了解会计对象与会计要素

企业管理者要管理企业财务，掌握会计入门知识是必不可少的。本节主要介绍会计对象和会计要素是什么。

（1）会计对象是什么

会计对象指会计所要核算与监督的内容，不同行业对会计对象有不同的认定，具体介绍如下。

- **会计的一般对象：** 指会计作为一项管理活动所要核算（反映）和监督（控制）的内容，即会计的客体。
- **工业企业的会计对象：** 工业企业的会计对象指工业企业的资金运动。
- **商品流通企业的会计对象：** 商品流通企业的会计对象就是商品流通企业（采购和销售）的资金运动。
- **行政、事业单位的会计对象：** 行政、事业单位的会计对象就是预算资金运动。

（2）什么是会计六要素

会计要素是对会计对象进行的基本分类，是会计核算对象的具体化。我国的《企业会计准则》将会计要素分为六大类，即资产、负债、所有者权益、收入、费用和利润。

其中，资产、负债和所有者权益三项会计要素主要反映企业的财务状况；收入、费用和利润三项会计要素主要反映企业的经营成果。

下面分别介绍这 6 个要素。

◆ 透过资产看企业的家底

资产指企业过去的交易或者事项形成的、由企业拥有或者控制的、预期会给企业带来经济利益的资源。简单来说，就是企业的家底。

从另一个方面来讲，资产就是企业从事经营活动所需的经济资源，是可以帮助企业赚钱的“本金”。

资产的主要特征有 3 个，具体介绍如表 1–4 所示。

表 1–4　资产的 3 个特征

特　征	具体介绍
预期会带来经济利益	指资产具有直接或间接导致现金和现金等价物流入企业的潜力
过去的交易或事项形成	企业过去的交易或事项包括购买、生产、制造行为或者其他交易或事项。预期在未来发生的交易或事项不形成资产
企业拥有或控制的资源	企业拥有或者控制指企业享有某项资源的所有权，或者虽然不享有某项资源的所有权，但该资源能被企业控制

知识延伸｜资产认定的注意事项

一些不能给企业带来经济利益的项目，不能作为企业的资产。当然，之前已经确认为资产，但当前已不能再为企业带来经济利益的，此时该项目也不能再作为企业的资产。

◆ 负债指企业的债务

负债指企业过去的交易或者事项形成的，预期会导致经济利益流出企业的现时义务。负债实际上是企业因为经营需要而使用了别人的资金，到期时需要偿还或支付的债务。

需要注意，对于未来才会发生的交易或事项形成的义务不属于现时义务，就不能认定为负债。例如应付账款为已经发生的交易，只不过需要未来支付，则属于负债；而盈余公积的计提，只在一个会计周期结束后才发生相应的义务，则不属于负债。

◆ 所有者权益是企业和股东的收益

所有者权益指企业资产扣除负债后，由所有者享有的剩余权益。所有者权益指企业的净资产，主要反映股东或投资者享有的经济利益。

对于企业管理者而言，通过企业所有者权益可以了解企业的经营状况。所有者权益增加，则表示经营状况良好；所有者权益减少，则表示经营状况不好。此外，所有者权益还包括企业非日常经营活动所形成的利得或损失。

◆ 收入是企业经营活动所得

收入指企业在日常活动中形成的、会导致所有者权益增加的、与所有者投入资本无关的经济利益的总流入，主要分为销售商品收入、提供劳务收入和让渡资产使用权收入。

收入的确认需要满足一定条件，包括企业日常活动中产生的；与所有者投入资本无关的经济利益总流入；必然能导致企业所有者权益增加的；只包括本企业经济利益的流入，不包括为第三方或客户代收的款项。

◆ 费用是经营活动使用的资金

费用是企业在日常活动中发生的会导致所有者权益减少的、与向所有者分配利润无关的经济利益的总流出。因此，导致所有者权益减少的项目不一定就是费用。

无论费用是否包括损失，都应具有以下特征：费用最终会导致企业资源的减少，这种减少具体表现为企业的资金支出。费用最终会减少企业的所有者权益。费用可能表现为资产的减少，或负债的增加，或者二者都有。

◆ 利润展现企业经营成果

利润是企业在一定会计期间的经营成果的综合反映，也是其最终成果的具体体现。管理者需要知道，产生利润通常表示所有者权益会增加；出现亏损表示所有者权益会减少。

利润是评价企业管理者经营效益的重要指标，也是企业投资者和经营者进行决策的重要参考。

什么是会计恒等式

会计恒等式指各个会计要素在总额上必须相等的一种关系式。它揭示了各会计要素之间的联系，是复式记账、编制会计报表的理论依据。会计恒等式有“资产＝负债＋所有者权益”和“收入－费用＝利润”等，下面具体介绍其数量关系。

要明确其数量关系，首先需要了解两个会计恒等式，如下所示。

①资产＝负债＋所有者权益，即资金运用＝资金来源

该等式是会计记账、核算的基础，也是编制资产负债表的基础，它表明了股东与债权人两者在企业的资产中所占份额。

②收入－费用＝利润（或亏损），即得到的－付出的＝赚的（或亏的）

等式②反映的是企业资金运动的情况，所有资产的获取和拥有都是为了

赚钱，而资产一旦运用并取得收入就转化为费用，收入减去费用即为利润。

利润又会作为资产用到下一轮的经营中，于是就产生了等式③。

③资产 = 负债 + 所有者权益 + 收入 − 费用

等式③并没有破坏等式①的恒等关系，当利润分配后，分成股东收益和一部分缴税，等式③便消失了，又成了等式①。

所以会计六要素不管如何转变，最后都会回到“资产 = 负债 + 所有者权益”这一恒等式。

会计科目与会计分录

各类会计要素在用来记账时，需要设置具体的会计科目，那么究竟什么是会计科目呢？会计科目和会计分录之间又有什么具体关系呢？这些会计常识都是需要管理者了解并掌握的。

（1）会计科目是分类核算类目

会计对象的具体内容各有不同，管理要求也有不同。为了全面、系统、分类地核算与监督各项经济业务的发生情况，以及由此引起的各项资产、负债、所有者权益和各项损益的增减变动，就有必要按照各项会计对象分别设置会计科目。

根据不同的标准可以划分为不同的会计科目，我国一般是按照信息的详细程度将科目划分为总分类科目和明细分类科目，如图 1–5 所示。

总分类科目

总分类科目又称一级科目或总账科目，是对会计要素的具体内容所做的总括分类，它提供总括性的核算指标，如“固定资产”“原材料”“应收账款”和“应付账款”等。

明细分类科目

明细分类科目又称二级科目或明细科目，是对总分类科目所含内容所做的更为详细的分类，能提供更为详细、具体的核算指标，如“应收账款”总分类科目下按照具体单位名称分设的明细科目，具体反映应向各债务人收取的货款金额。

图 1-5　按照信息详细程度划分会计科目

知识延伸｜可以设置更多会计科目

企业在实际操作中，如果有必要，还可以在二级科目下分设三级科目、四级科目等进行明细核算，每往下设置一级，都是对上一级科目的进一步分类。

表 1-5 所示为以“原材料”为例的总分类科目及其明细分类科目。

表 1-5　原材料总分类科目及其明细科目

总分类科目（一级科目）	明细分类科目	
	二级明细科目	三级明细科目
原材料	主要材料	一类材料
		二类材料
	辅助材料	润滑油
		加工刀具
	燃料	液化气
		汽油

在原材料总分类科目下，设计了 3 项原材料，分别是主要材料、辅助材料和燃料；在这 3 项原材料之中，还有更细的分类，形成“原材料”会计科目下的三级明细科目。

此外，按照会计科目核算的归属分类，可以将会计科目分为6类。

- **资产类科目：**用来核算公司所拥有的一切有价资源的科目，其中又可分为流动资产和非流动资产两类。流动资产指现金及在一年内或超过一年的一个营业周期内可以变现的资产，例如银行存款、应收账款等；非流动资产指在一年以上或超过一年的时间内变现的资产，如固定资产、无形资产等。
- **负债类科目：**用于核算公司债务的科目，其中又可分为流动负债和非流动负债。流动负债指偿还时间在一年以内的负债，非流动负债指偿还时间在一年以上的负债，如长期借款、应付债券等。
- **共同类科目：**既有资产性质又有负债性质，这样有共性的科目。共同类科目的特点需要从其期末余额所在方向界定其性质，共同类多为金融、保险、投资、基金等公司使用，包括清算资金往来、货币兑换、衍生工具、套期工具及被套期项目。
- **所有者权益类科目：**按权益的形成和性质可分为反映资本的科目和反映留存收益的科目。所有者权益类科目主要包括实收资本、资本公积、盈余公积、本年利润和利润分配。
- **成本类科目：**反映成本费用和支出的、用于核算成本的发生和归集情况、提供成本相关会计信息的会计科目。对成本费用和支出的不同内容进行分类，可以分为生产成本、制造费用、劳务成本、研发支出和工程施工等会计科目。
- **损益类科目：**这类科目为核算利润服务，具体包括收入类科目和费用类科目。在期末（月末、季末或年末），这类科目累计余额需转入“本年利润”科目，结转后这些科目的余额应为零。

（2）会计分录的填制规则

会计分录亦称“记账公式”，根据复式记账原理的要求，对每笔经济业务列出相对应的双方账户及其金额的一种记录。在登账前，通过记账凭证编制会计分录，能够清楚地反映经济业务的归类情况，有利于保证账户记录的正确性，也便于事后检查。

会计分录分为简单分录和复合分录两种。

- 简单分录也称“单项分录”，指一个账户的借方和另一个账户的贷方相对应的会计分录。
- 复合分录亦称“多项分录”，指一个账户的借方与几个账户的贷方，或者一个账户的贷方与几个账户的借方相对应的会计分录。

会计分录的编制需要注意 3 个要素，分别是记账方向、账户名称和金额。会计分录的编制主要有 3 个方法，下面进行具体介绍。

层析法。指将事物的发展过程划分为若干个阶段和层次，逐层递进分析，从而最终得出结果的一种解决问题的方法，适用于单个会计分录的编制。

业务链法。指根据会计业务发生的先后顺序，组成一条连续业务链，会计分录之间存在一种相连的关系并进行会计分录编制，适合连续性经济业务。

记账规则法。指利用记账规则“有借必有贷，借贷必相等”进行会计分录编制。

在编制会计分录的时候需要注意其编制格式，主要分为两种，分别是借贷分行和借贷同行。

借贷分行。先借后贷，借贷分行，借方在上，贷方在下，如图 1–6 所示。

一借一贷：

借：科目 A 金额 1
**　　贷：科目 B 金额 1**

多借一贷：

借：科目 A 金额 1
**　　科目 B 金额 2**
**　　贷：科目 C 金额 1+2**

一借多贷：

借：科目 A 金额 1
**　　贷：科目 B 金额 2**
**　　　　科目 C 金额 1–2**

图 1–6　借贷分行格式

借贷同行。先借后贷，借贷同行，借方在左，贷方在右，如图 1–7 所示。

一借一贷：

借方科目 A　贷方科目 B　金额 1

一借多贷：

借方科目 A　贷方科目空　金额 1

借方科目空　贷方科目 B　金额 2

借方科目空　贷方科目 C　金额 1–2

多借一贷：

借方科目 A　贷方科目空　金额 1

借方科目 B　贷方科目空　金额 2

借方科目空　贷方科目 C　金额 1+2

图 1–7　借贷同行格式

了解三大报表之间的联系

会计的三大报表分别是资产负债表、利润表和现金流量表，企业管理者要能够看懂三张报表并根据报表内容进行分析。需要注意的是，这三张报表并不是孤立的，它们之间有一定联系。

在介绍三者之间的联系之前，先来看三张报表的介绍，如表 1–6 所示。

表 1–6　三大报表介绍

表　格	具体介绍
资产负债表	表示企业在一定日期（通常为各会计期末）的财务状况（即资产、负债和所有者权益的状况）的主要会计报表，分为“资产”和“负债及所有者（或股东）权益”两部分
利润表	是反映企业在一定会计期间的经营成果的报表，是一张动态报表，又被称为损益表和收益表
现金流量表	是反映一定时期内（如月度、季度或年度）企业经营活动、投资活动和筹资活动对其现金及现金等价物所产生影响的财务报表

将期末的资产负债表与期初的资产负债表各个项目对应相减，会得到一张差额表。再将差额表分为左右两边，可以将其与本期现金流量表和利润表之间的关系表达出来，如图 1-8 所示。

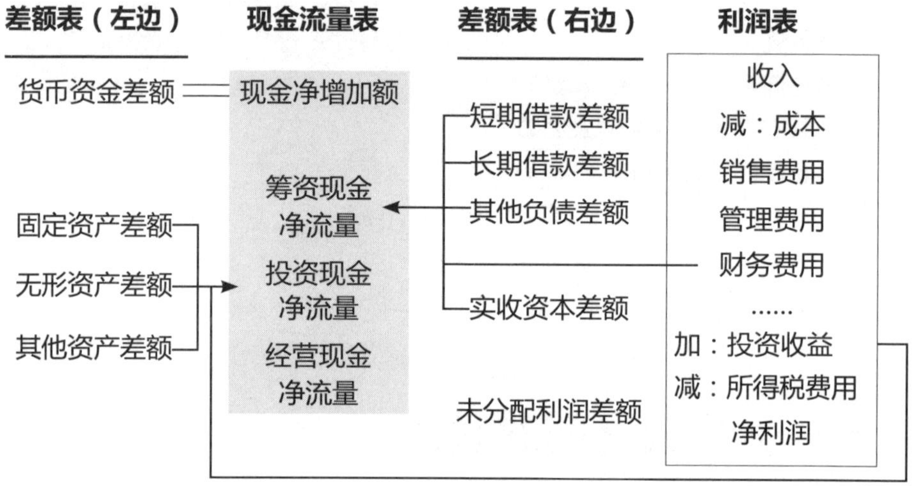

图 1-8　三大报表之间的关系

在图 1-8 中，差额表左上角的货币资金差额等于现金流量表的现金净增加额。右下角的未分配利润差额等于利润表的净利润。此外，由固定资产差额、无形资产差额和其他资产差额可以推导出投资现金净流量。右侧的短期借款差额、长期借款差额、其他负债差额、实收资本差额和利润表的财务费用可推导出筹资现金净流量。

从图 1-8 中可以发现，只要有期初、期末两张资产负债表，即可简单推导出本期的现金流量表。

第 2 章

了解企业家底 才能更好地开展管理工作

资产负债表是管理者需要看懂的三大报表之一，对管理者了解企业的资产和负债情况有较大的帮助。管理者只有了解企业的家底有多少，并进行必要分析，才能更好地开展管理工作。

解析资产负债表的构成

资产负债表主要对企业资产、负债和所有者权益这三大要素进行反映。企业管理者要能看懂资产负债表数据，以此了解企业的资本和负债情况。

（1）了解资产和负债的内容

资产负债表中，资产通常按照流动资产和非流动资产分别进行列示，管理者不用关心流动资产和非流动资产的详细情况，只需要关注流动资产合计和非流动资产合计。

- 通过流动资产合计可以了解企业短时间（一个正常营业周期或一个会计年度）内能够变现的资产有多少。
- 非流动资产数据则可以让管理者了解有多少不能随意动用的资产。

流动资产和非流动资产之和就是企业的资产总和，了解两者情况，可使管理者了解企业资产的具体情况，从而避免过度使用流动资产。

很多企业管理者在不了解财务工作时，往往更关注一些常见的资产项目，能想到的是房产、生产设备、银行存款及库存现金等，却将重要的无形资产忽略了，如企业的员工、专利和企业文化等。

特别是企业员工，可能被其他企业抢夺，造成人力资源流失，因此，要引起企业管理者重视。而专利权和企业文化也需要重视，如果企业存在能够申请专利的技术，应及时申请专利。

对于企业而言，债务也算是企业的资产。资产负债表中的负债同样也是分别以流动负债和非流动负债进行列示。

◆ 流动负债是预计短期内（一个正常营业周期或一个会计年度）需要偿还的债务。
◆ 非流动负债指除流动负债以外的负债，表示长时间过后再偿还的债务。

同理，管理者也是只需要了解流动负债合计和非流动负债合计，从而了解企业的负债情况。

了解流动负债合计数据，企业管理者可以知道企业需要在短期内偿还的债务，要做好偿债准备，避免出现没有资金偿债的情况；了解非流动资产合计数据，让管理者知道还有哪些长期债务需要偿还，以及待偿还时间的长短。

虽然管理者不需要细致了解每一项负债的具体情况，但还是应当对企业设置的负债类科目有所了解，这样才能整体把握债务状况。

知识延伸｜了解隐性负债的危害和应对措施

隐性负债一般指没有记录在资产负债表内，但是随着时间的推移或者某种因素的改变而显性化的债务。这种债务的显性化可能会造成长时间内企业盈利能力逐步下降，也可能在短期内带来企业资产的突然损失。

企业产品市场变化、人才和技术落后、设备更新及法人治理结构制约机制失效等都有可能导致隐性负债，下面具体介绍应对措施，如表2-1所示。

表 2-1　管理者应对隐性负债的措施

措　施	具体介绍
战略高度，纵览全局	企业在市场上的竞争，在一定意义上讲，就是企业领导人战略智慧的竞争。企业的领导者应分析研究企业经营战略如何能动地适应外部环境，使其战略随外部环境变化而做出相应的变化
掌握市场需求，调动内部资源	首先，要及时捕捉市场需求变化的信息；其次，企业要充分掌握市场技术方面的信息；最后，将企业外部信息与企业内部资源相结合分析

续表

措　　施	具体介绍
培养人才，注重技术创新	通过技术创新，改善实体性生产要素的质量，提高产品的品质和性能；增加产品的科技含量和附加值，降低其在制造过程中的物耗，提高产品的竞争力
加强科技投入、自主创新企业核心技术	建立企业科技信息网络，及时了解和掌握相关科技信息，并储存和积累，为企业技术研发服务。另外进行核心技术创新，只有核心技术始终处于同行业领先地位，企业才能不断发展壮大，在市场竞争中立于不败之地

（2）所有者权益的构成

资产负债表中的所有者权益是企业资产扣除负债后的剩余权益，反映企业在某一特定日期股东（或投资者）拥有的净资产总额，它一般按照实收资本、资本公积、盈余公积和未分配利润进行列示。

- **实收资本：**使投资者作为资本投入到企业的各种财产，是企业注册登记资本总额的来源，表明所有者对企业的基本产权关系。
- **资本公积：**指企业在经营过程中由于接受捐赠、资本（或股本）溢价及法定财产重估增值等所形成的公积金。
- **盈余公积：**指企业从税后利润中提取形成的、存留于企业内部、具有特定用途的收益积累。其中法定盈余公积以国家的法律或行政规章为依据提取。
- **未分配利润：**指企业实现的净利润经过弥补亏损、提取盈余公积和向投资者分配利润后留存在企业的、历年结存的利润总额。

因此管理者可以从净资产总额的 4 项数据中看出所有者权益的大致情况，然后做出有针对性的经营决策。

财会人员要确保 4 项数据的真实性，判断数据的合理性，最后从数据变动结果分析投资者的动向，从而得出经营结论。

资产、负债和所有者权益在资产负债表的列示如图 2-1 所示。

资产负债表

会企 01 表

编制单位： 年 月 日 单位：元

资产	期末余额	年初余额	负债和所有者权益（或股东权益）	期末余额	年初余额
流动资产：			流动负债：		
货币资金			短期借款		
交易性金融资产			交易性金融负债		
衍生金融资产			衍生金融负债		
应收票据			应付票据		
应收账款			应付账款		
预付款项			预收款项		
其他应收款			合同负债		
存货			应付职工薪酬		
合同资产			应交税费		
持有待售资产			其他应付款		
一年内到期的非流动资产			持有待售负债		
其他流动资产			一年内到期的非流动负债		
流动资产合计			其他流动负债		
非流动资产：			**流动负债合计**		
债权投资			非流动负债：		
其他债权投资			长期借款		
长期应收款			应付债券		
长期股权投资			其中：优先股		
其他权益工具投资			永续债		
其他非流动金融资产			租赁负债		
投资性房地产			长期应付款		
固定资产			预计负债		
在建工程			递延收益		
生产性生物资产			递延所得税负债		
油气资产			其他非流动负债		
使用权资产			**非流动负债合计**		
无形资产			**负债合计**		
开发支出			所有者权益（或股东权益）：		
商誉			实收资本（或股本）		
长期待摊费用			其他权益工具		
递延所得税资产			其中：优先股		
其他非流动资产			永续债		
非流动资产合计			资本公积		
			减：库存股		
			其他综合收益		
			专项储备		
			盈余公积		
			未分配利润		
			所有者权益（或股东权益）合计		
资产总计			**负债和所有者权益（或股东权益）总计**		

左侧注：货币资金至其他流动资产为“流动资产”；债权投资至其他非流动资产为“非流动资产”。右侧注：短期借款至其他流动负债为“流动负债”；长期借款至其他非流动负债为“非流动负债”；实收资本（或股本）至未分配利润为“所有者权益”。

图 2-1 资产负债表具体会计科目

从管理者的角度来看资产负债表

作为管理者，在看待资产负债表时要有自己关注的重点，要了解其中的内涵。不要认为资产增多就是好事，也不要认为资产减少就是一件坏事。管理者应当在意的是资产与负债结构是否合理，怎样的比例更适合企业发展。

（1）看懂资产的实质

管理者一定要明确资产负债表中的资产并非越多越好，因为资产实质上是对企业资金的占有。例如企业购买了 20.00 万元的生产设备，则表示该生产设备占用企业资金 20.00 万元；企业有 100.00 万元的应收账款，则表示客户占用了企业资金 100.00 万元。

企业作为一个经济体，资产在供求关系中处于供给方，支持着企业资金流向其他地方。下面具体对部分会计科目进行介绍，如图 2–2 所示。

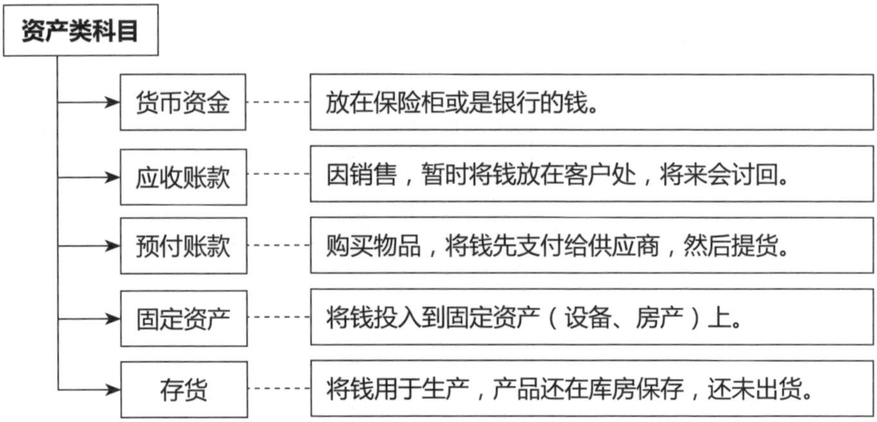

图 2–2　管理者快速理解资产含义

由此可以看到，资产并非越多越好。资产越多表示企业对资产的占有越多，不利于企业对资产进行控制，还可能因为坏账、折旧等使资产贬值。

此外，不同的资产在被占用的过程中产生的收益也不相同，这是企业管理者需要注意的。例如，银行存款和应收账款，同样是资产，应收账款是不会再产生任何收益的；但银行存款则会产生利息，就能实现资本增值。管理者需要考虑那些没有增值可能的资产对企业经营的影响。

（2）认清所有者权益

从管理者的角度看，所有者权益即是各股东对企业的投资及企业资产的增值，用具体的投资金额资产增值额进行衡量。

在企业经营过程中可能出现盈利或亏损，因此投资者的收益可能比投入多，也可能比投入少。对企业而言，所有者权益主要表明企业的钱从哪里来。下面具体介绍此类科目的含义，如图 2–3 所示。

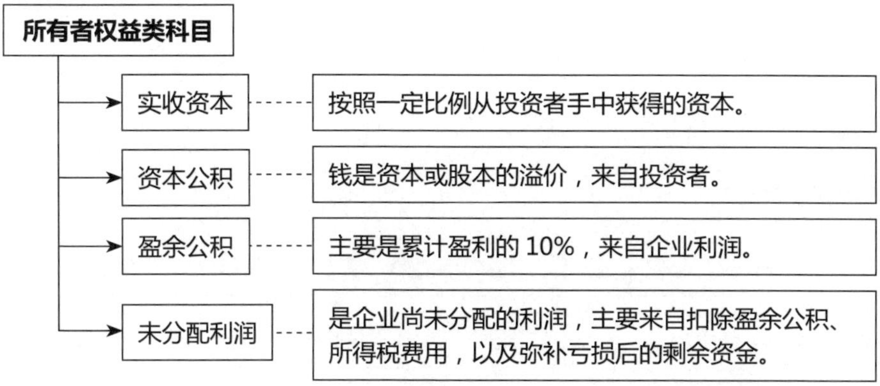

图 2–3　所有者权益类科目含义

所有者权益表示企业股东或投资者所有的，一部分是股东或投资者投资的，另一部分是经营过程中产生的收益。

在企业经营过程中，可能出现外部投资者想要投入资本，占有一部分所有权份额，这就涉及溢价投入，下面通过具体案例进行分析。

某企业经过长期发展，现拥有的所有者权益合计金额为 1 000.00 万元，其中实收资本为 800.00 万元，资本公积与留存收益为 200.00 万元。某投资机构有意出资向该企业投资，准备占有注册资本的 20%。

该公司也准备增资，由于新加入的投资者要占 20% 的份额，因此该投资加入后公司的注册资本要扩充到 1 250.00 万元（1 000.00 ÷ 80%）。于是同意该机构向公司投资并占有 20% 的份额。经协商，该机构以现金 450.00 万元和一套生产线设备向公司投资。

通过上述操作，企业注册资本提升到 1 250.00 万元，实收资本 250.00 万元，多出的 250.00 万元和生产减设备作价投资额属于资本溢价，纳入资本公积。

（3）负债也是一种资金来源

管理者应理性看待负债，将负债看作是资金除投资者投入以外的其他来源。例如向银行贷款 20.00 万元，即从银行获得 20.00 万元资金。

下面简单介绍企业的部分负债类科目的含义，如图 2–4 所示。

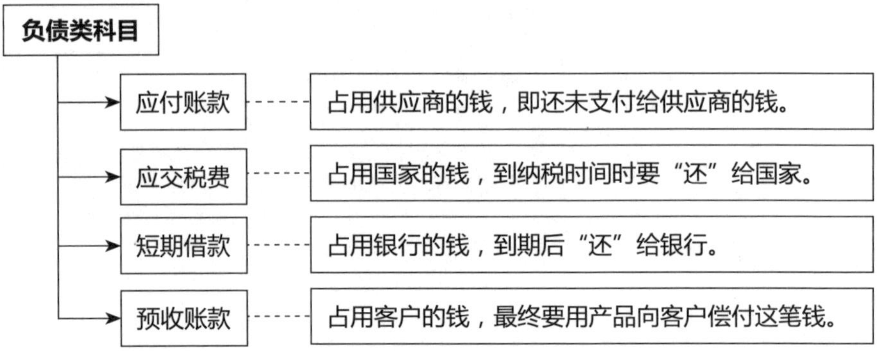

图 2–4　负债类科目含义

管理者只有转变观念，才不会排斥负债。如果负债减少，说明企业的资金来源减少，不利于业务扩展；若负债过多，则企业容易出现难以偿还债务的情形，影响企业信誉。

什么指标可以分析企业的偿债能力

偿债能力指企业用其资产偿还长期债务与短期债务的能力，是企业能否健康生存和发展的关键。企业偿债能力也是反映企业财务状况和经营能力的重要指标。

企业管理者要知道企业的偿债能力，就需要知道如何进行相关分析？哪些指标能够分析企业的偿债能力？常用的分析企业偿债能力的指标有 4 个，分别是流动比率、速动比率、现金比率和利息支付倍数。

（1）流动比率

流动比率，表示每 1 元流动负债有多少流动资产作为偿还的保证。它反映公司流动资产对流动负债的保障程度。计算公式如下：

流动比率 = 流动资产合计 ÷ 流动负债合计

流动比率越大，表示短期偿债能力越强（通常在 200% 合适）。该指标通常会结合存货的规模大小、周转速度、变现能力和变现价值等指标进行综合分析，也就是说，流动比率高，并不一定说明企业有较强的偿债能力。

但如果流动比率过低，则说明企业偿债能力出现问题，管理者要尽快回笼资金，避免出现资金链断裂的情况，影响企业运转。

（2）速动比率

速动比率表示每 1 元流动负债有多少速动资产作为偿还的保证，进一步反映流动负债的保障程度。计算公式如下：

速动比率 =（流动资产合计 − 存货净额）÷ 流动负债合计

一般情况下，该指标越大，表明企业短期偿债能力越强，通常指值在 100% 左右较好。

速动比率高于 100% 表示企业短期偿债能力较强，可在短期内变现的资金较多；速动比率低于 100% 表示企业短期偿债能力较弱，可变现资金较少，管理者需要引起重视。

（3）现金比率

现金比率，表示每 1 元流动负债有多少现金及现金等价物作为偿还的保证，反映公司可用现金及变现方式清偿流动负债的能力。计算公式如下：

现金比率 =（现金 + 现金等价物）÷ 流动负债合计

现金比率一般认为在 20% 以上为好。但这一比率过高，就意味着企业流动资产未能得到合理运用，其获利能力低，这类资产金额太高会导致企业机会成本增加。

（4）利息支付倍数

利息支付倍数，表示息税前收益对利息费用的倍数，反映公司负债经营的财务风险程度。计算公式如下：

利息支付倍数 =（利润总额 + 利息费用）÷ 利息费用

管理者需要注意，这一倍数越低就代表公司的债务压力越大，如果倍数低于 1 倍，就意味着公司赚取的利润根本不足以偿付利息。而比较理想的倍数则是 1.5 倍以上。

知识延伸 | 其他反映企业偿债能力的指标

除了这里介绍的4种指标外，反映企业偿债能力的指标还有清算价值比率和资金周转率等。一般情况下，资本周转率越高，表明企业的长期偿债能力越强，债权的安全性越好。清算价值比率越大，表明企业的综合偿债能力越强。

资本周转率=（货币资金+短期投资+应收票据）÷非流动负债合计

清算价值比率=（资产总计－无形资产及递延资产合计）÷负债合计

如何提高偿债能力

在上一节中介绍了反映企业偿债能力的部分指标，要提升企业偿债能力，就可以从这些指标入手，通过一定的措施提升企业的偿债能力。

企业偿债能力包括短期偿债能力和长期偿债能力两个方面。短期偿债能力指企业以流动资产对流动负债及时足额偿还的保证程度；长期偿债能力指企业偿还长期负债的能力。

下面具体讲解前面介绍的 4 种指标的影响因素和提升偿债能力的方法，如表 2–2 所示。

表 2–2　借助各种指标提高偿债能力的讲解

指标名称	影响因素	提升偿债能力方法
流动比率	周转速度、变现能力和变现价值等	①缩短营业周期，加快资金回笼；②缩短账款回收期限，避免坏账；③提高存货周转速度，增加流动资金；④合理增加闲置资金，增加流动资产所占比例，避免出现资金短缺；⑤寻找投资人，保证资金充足；⑥适当减少流动负债，减轻偿还压力

续表

指标名称	影响因素	提升偿债能力方法
速动比率	应收账款的规模、周转速度和变现能力	①与信誉良好的客户合作，确保能够及时收回账款；②缩小存货规模；③减少流动负债总额，减轻还债压力；④增加企业流动资金，保证资金周转顺畅
现金比率	货币资金、现金等价物和流动负债	①增加企业货币资金或交易性金融资产的总额，使企业有足够的资金用来偿还债务；②减少流动负债，减轻偿债压力
利息支付倍数	企业盈利和利息费用	①通过提高销售额等手段提高营业额或增加盈利；②减少企业经营成本，减少支出；③减少产品生产成本，或适当提高售价；④减少企业的负债；⑤减少企业长期负债，减少利息支出

除了从影响偿债能力的指标出发提升偿债能力外，作为企业管理者还要能够从企业整体出发，了解一些提升偿债能力的措施。

合理规划资产总额与负债总额。通常情况下，企业资产总额一般是大于负债总额的，只是资产总额中负债总额所占比例会影响企业的偿债能力。平时加强对存货的管理与应付账款、长短期借款的管理，还要谨慎投资。

做到科学举债。企业要事先进行合理的筹划，根据借款的多少、负债的期限长短、紧迫性、结构特点和可承担利率的高低等，慎重选择最适合自己、风险最小的筹款方式，做到科学举债。

制订合理的偿债计划。首先要求财务报表提供的相关信息必须准确可靠，根据相关的债务合同、企业实际经营情况和资金收入，将每笔债务支出做好规划，尽量使企业有限的资金通过时间及一定的转换手法的合理安排，最终达到及时偿债的目的。

资产数据异常说明什么

企业员工在编制资产负债表时，难免会出现错误，而编制报表的人员又没有发觉，则会导致报表异常。因此，管理者要学会发现这些异常的报表数据，并分析具体原因。

（1）投入固定资产是否使用充分

固定资产的价值是在使用过程中慢慢释放的，管理者通过报表中的固定资产周转和折旧等情况可以得出固定资产是否被充分利用。涉及的数据有固定资产周转率、销售收入和固定资产平均净值等，计算公式如下：

固定资产周转率＝销售收入 ÷ 平均固定资产净值

固定资产周转率也称固定资产利用率，如果产品销售收入不变，企业固定资产平均净值高时，表示固定资产周转率低，可能影响企业的获利能力。

很多企业因此在前几年加大力度计提固定资产折旧，从而降低固定资产平均净值，提高固定资产周转率，给外界一种固定资产利用率高的假象。

固定资产周转率通常用于分析企业厂房和生产设备的利用率，比率越高，表示管理水平越好；比率越低表示固定资产未被充分使用。

（2）资产负债表列示的资产是否完整

因为从事行业不同，企业经济业务的复杂程度也不同，资产负债表中列示的资产项目也会不同。

通常企业管理者查看的报表应当是数据完整的，因为需要了解企业的真实状况，而向外界公布的报表可能经过“美化”。

资产负债表并不可能将所有的资产都一一列示，具体说明如下。

- 有的企业为了规范资产负债表的制作，会规定具体的资产科目供财务人员登记入账，而一些小额、无法确定类别的资产则会归类到“其他固定资产”或“其他流动资产”项目中，只统计最终数额，却不知道具体情况。
- 资产负债表虽然可以列示无形资产，但有的无形资产难以统计价值，例如企业人才和员工能力，因为其具有难以量化和不稳定性的特点，导致难以在报表中体现。

（3）无形资产对其他资产产生影响

无形资产指企业拥有或者控制的没有实物形态的可辨认非货币性资产。广义的无形资产包括专利权、商标权等，因为它们没有物质实体，而是表现为某种法定权利或技术。

需要注意，企业自创商誉及内部产生的品牌、报刊名等，因其成本无法可靠计量，不应确认为无形资产。

- 无形资产摊销

无形资产的应摊销金额为其成本扣除预计残值后的金额，已计提减值准备的无形资产，还应扣除已计提的无形资产减值准备累计金额。使用寿命有限的无形资产，其残值应当视为零（特殊情况除外）。

从表面上看无形资产摊销与有形资产没有联系，然而有些无形资产所包含的经济利益是通过产品或其他资产实现的。因此，从长远发展出发，无形资产的摊销会影响企业有形资产的纳入。

◆ 无形资产的报废

无形资产预期不能为企业带来经济利益的，应当将该无形资产的账面价值予以转销或报废处理。

当企业的专利权、商标权等到期无法为企业带来经济利益的，就会对这些无形资产进行转销或报废，这样会减少企业的费用数额，从而提高企业的盈利率，导致未分配收益增加。因此，如果体现收益，相当于对有形的货币资金产生影响。

当相关技术或专利报废后，如果还想要再使用，则需要另想办法，否则涉及的产品可能会停销，影响企业的正常运转，使企业利益受损。

负债数据异常说明什么

通常情况下，负债数据出现问题对企业的影响比资产数据出现问题对企业的影响要大得多，因此管理者要注意检查企业的负债数据。

（1）融资渠道可能过多

融资其实就是企业向外借钱，应付账款、预收账款及短期借款等都可以视作特殊的融资渠道，可以使企业获得应急资金。

融资渠道多样化表示企业善于利用别人的资金经营企业，让企业的资金去创造更大的收益。然而融资渠道过多，也可能对企业造成不利影响。

负债超过企业总资产 70% 时，企业可能面临资不抵债，甚至破产的困境。一般情况下负债在总资产的 40% ~ 60% 为宜，高于 60% 时管理者就要注意尽量减少负债；低于 40% 时则可能导致企业资金占用过多，出现资金利用率低的情况。

负债多，渠道多。这类情况的企业可能经常向供货商赊账，应付款项较多；在低利率时，经常向银行贷款，导致短期借款和长期借款较多；经常向客户预收货款或是向供货商开出票据承诺到期偿还，这可能表示企业资金周转存在问题，负债过多。

（2）企业资金出现问题

企业负债异常出现的原因可能是财务人员在动手脚，也有可能是财务人员在工作中出错，具体可能有以下一些问题，如表 2-3 所示。

表 2-3　企业资金出现问题的原因

原　　因	具体介绍
利息计入方式错误	不同的借款方式，其利息的偿还方式不同，在资产负债表中的表现也不同。如果企业向银行借款，承诺一次性还本付息，此时借款利息应计入“长期借款——应计利息”科目，从报表上反映在“长期借款”科目中；如果向银行承诺一次还本，分期付息，则借款利息要计入“应付利息”科目，在财务报表中反映在负债类科目的“应付利息”上，如果财务工作者登记错误，则可能出现账实不符的情况，使负债数据异常
税费异常	企业应交税费与收入和利润增长不匹配，甚至出现负增长，这可能是企业为了少缴税费，故意提高费用支出，减少账面利润。然而税费异常并不是一件好事，可能导致很多数据不可靠，从而影响企业管理者做出正确的决策
现金支出与营业成本不匹配	对于正常的企业而言，现金支出应当随营业成本变化而变化。当企业现金支出较少而营业成本支出较大时，可以推断企业有很多应付账款或者应付票据的负债项目，而应付账款或应付票据的增加，很可能表明企业手中的现金不足，资产负债结构可能出现了问题，管理者需要重新审视企业的资产结构

（3）供货商的合作意愿发生变化

企业应付账款减少，可能是企业按时支付了供货商货款，也有可能是供货商不愿继续合作，导致应付款项金额降低；同样应付账款增加，也有可能是供货商增加的缘故。

如果管理者发现供货商变化（增加或减少）导致企业应付账款发生变化，则需要分析其中的原因，如图 2-5 所示。

企业拖欠过供货商货款

若企业存在严重拖欠供货商货款的事，则应付账款减少除了因为偿还前期欠款，还可能是有供货商不愿再给企业供货，导致企业发生应付账款的可能性减小。

企业信誉良好，受欢迎

如果企业信誉良好，按时出货，按时还款，则其他供货商为了保证自身的利益，就会寻找这样的企业合作，同时愿意先给企业发货，再收取货款，这样企业的应付账款就可能随着供货商增多而升高。

供货商收益要求不达标

当供货商在与企业的合作中无法获得其想要的收益，就会想要与企业解除合作关系。因此，企业的供货渠道减少，被动地降低了应付账款。

同行业竞争者挖角

在竞争激烈的市场经济中，企业都有自己的竞争对手，为了抢占先机，企业的竞争对手可能在供货商面前诋毁企业，导致企业信誉下降，然后给供货商更好的购买价格，使得供货商“抛弃”原来的合作伙伴转向其他企业，变相降低了企业发生应付账款的可能性。

图 2-5　供货商变化的原因分析

所有者权益数据异常说明什么

所有者权益是企业管理者和股东非常关心的数据，关系到投资者能够获得多少收益。所有者权益数据出现异常，投资者担心自己的投资会出现亏损。因此管理者也需要重点留意所有者权益的变化情况。

（1）股东投资意愿发生变化

资产负债表的所有者权益栏中包含实收资本、资本公积、盈余公积和未分配利润，前面具体介绍过，这里主要介绍这4个科目数据异常时的具体含义，如表2-4所示。

表2-4　所有者权益指标异常的含义

科目	异常增加	异常减少
实收资本	实收资本很高，但企业利润额很少，说明企业并没有充分利用股东的投资资金，使得企业没有获得预期收益	说明有投资者从企业撤资，可能是投资者对企业的前景没信心，也可能是企业受到他人恶意中伤使投资者误信
资本公积	资本公积异常增加，而实收资本没有什么变化，说明企业状况良好。但此时需要格外留心，防止员工谎报业绩	资本公积异常下滑，而实收资本保持不变，甚至上升。管理者要查明企业是否严重亏损，或个人私自动用企业资金
盈余公积	盈余公积直接与企业的利润挂钩，盈余公积突然上涨，很可能是利润在大幅增长，对企业来说并非好事，管理者需要提高警惕，查出利润大幅增长的原因	盈余公积突然极速下降，说明企业的利润在快速减少，这对企业持续发展会有很大打击。管理者必须了解利润下滑的原因，避免企业因经营不善而倒闭
未分配利润	未分配利润关系到股东的权益，受到股东的重点关注。未分配利润增加，表明企业发展较稳定，股东会非常高兴，如果增长过快，会导致股东不安	如果未分配利润极速下滑，会导致股东不安、甚至撤资。如果下降速度异常，很可能存在企业费用支出过多，或有人刻意损坏企业利益的情况

有利可图才会有人愿意投资；无获利可能时，投资者也会离企业而去，因此所有者权益数据对企业来说十分重要。

（2）可能出现股东恶意收购企业

目前很多企业的股东其资金往往是雄厚的，或者是拥有自己的公司，注资企业只为盈利。然而一些股东可能在企业发展的关键时期或是发展遇到瓶颈的时候对企业进行恶意收购。

恶意收购指收购公司在未经目标公司董事会允许，不管对方是否同意的情况下所进行的收购活动。对于公司股权相对分散或股价被明显低估的公司，收购公司可能采用狙击式公开购买，最初通常是隐蔽的或是以他人的名义收购，在准备得当后才开始向目标公司发难。

管理者要提高警惕，避免企业被步步蚕食。

知识延伸｜狙击式公开购买

收购方与目标公司既不做事先的沟通，也没有警示，而是直接在市场上展开收购行为。狙击式公开购买包括标购、股票收购及投票委托书收购等形式。所谓标购就是收购方不直接向目标公司董事会发出收购要约，而是直接以高于该股票市价的报价，向目标公司股东进行招标的收购行为。

（3）市场行情影响所有者权益

行情对所有者权益也存在影响，市场行情好，有利于盈利；市场行情不好，则可能亏损。即使当前企业处于盈利状态，也不一定有利可图，需要考虑通货膨胀和时间价值等因素的影响。

通货膨胀影响货币价值。通货膨胀会导致货币的使用价值降低，同样的东西需要付出更多的钱才能获得；同样的钱，能买到的东西变少了。即使所有者权益增加，但股东赚的钱也在贬值。因此，只有企业盈利的速度大于货币贬值的速度，才能真正盈利。

时间价值决定货币价值。随着时间的推移，钱会变得越来越不值钱，一定量的货币现在比未来值钱。因此，股东投资资金到企业，获得利润，形成资产增值，就是让资金通过时间运行，从中获得收益。

资产会贬值，管理者要懂折旧、摊销和清理

企业的固定资产并不是固定不变的意思，它的价值会随着时间流逝而慢慢贬值。这就需要企业管理者知道什么是折旧、摊销和清理。

（1）固定资产折旧的方法与要求

固定资产折旧的方法有很多，大致分为直线折旧法和加速折旧法。企业管理者应根据自身具体情况选择合适的折旧方法，具体介绍如表 2–5 所示。

表 2–5　不同折旧方法具体介绍

方　　法	具体介绍和计算公式
年限平均法（直线）	简介：将固定资产的应计折旧额均衡地分摊到固定资产预定使用寿命内的一种方法。采用这种方法计算的每期折旧额相等
	公式：年折旧率 =（1– 预计净残值率）÷ 预计使用寿命（年）× 100%； 月折旧率 = 年折旧率 ÷12；月折旧额 = 固定资产原价 × 月折旧率
工作量法（直接）	简介：是根据实际工作量计算每期应计提折旧额的一种方法
	公式：单位工作量折旧额 = 固定资产原价 ×（1– 预计净残值率）÷ 预计总工作量； 某项固定资产月折旧额 = 该项固定资产当月工作量 × 单位工作量折旧额
年限总和法（加速）	简介：也称合计年限法，指将固定资产的原价减去预计净残值后的净额，乘以一个以各年年初固定资产尚可使用年限做分子，以预计使用年限逐年数字之和做分母的逐年递减的分数计算每年应计提折旧额的一种方法
	公式：年折旧率 = 尚可使用年限 ÷ 预计使用年限的年数总和 ×100%； 预计使用年限的年数总和 = 预计使用年限 ×（预计使用年限 +1）÷2； 月折旧率 = 年折旧率 ÷12； 月折旧额 =（固定资产原价 – 预计净残值）× 月折旧率

续表

方　法	具体介绍和计算公式
双倍余额递减法（加速）	简介：在不考虑固定资产预计净残值的情况下，根据每期期初固定资产原价减去累计折旧后的余额（即固定资产净值）和双倍的直线折旧率计算固定资产折旧额的一种方法
	公式：年折旧率 =2÷ 预计使用寿命（年）×100%； 月折旧率 = 年折旧率 ÷12；月折旧额 = 固定资产净值 × 月折旧率

管理者需要明白，固定资产按月计提折旧。当月新增的固定资产不计提折旧，从下月起计提；当月减少的固定资产，当月要计提折旧，下月起停止计提。提足折旧后，无论固定资产是否继续使用，均不再计提折旧；提前报废的固定资产不再计提折旧。

（2）无形资产摊销

与固定资产折旧相似，是无形资产每期分摊的成本，叫作摊销。无形资产摊销一般采用直线法，摊销时直接计入“累计摊销”科目的贷方。

管理人员和企业财务人员要对摊销有一个清晰的认识，避免因摊销出错而使企业遭受损失。而对无形资产摊销认识不清，可能出现以下问题。

- 将只有使用权的无形资产作为有所有权的无形资产入账，这会增大无形资产的摊销额。
- 将增加的没有合法文件证明的无形资产，或已超出法定有效期的无形资产入账，也会增大无形资产的摊销额。
- 在摊销期限确定后，为了调节相应期间的管理费用而随意更改摊销期限，会影响原本当期无形资产的摊销额。
- 公司在正常经营期内，擅自将“商誉”这一无形资产作价入账，会增大无形资产的摊销额。商誉的作价入账只在公司合并的情况下才会发生，其余情况下不将其作为无形资产入账。

（3）固定资产清理

固定资产清理是企业管理人员需要了解的处置工作，对于企业而言，发生如下情形之一的固定资产都要清理。

- 因磨损、遭受非常灾害或意外事故而丧失生产能力的固定资产。
- 因陈旧过时而必须淘汰更新的固定资产。
- 出售固定资产也是固定资产清理的一种方式。
- 固定资产对外投资。
- 非货币性资产交换。
- 债务重组等。

下面来看固定资产清理的具体案例。

某企业车间一台机床报废，原价2 000 000.00元，已提折旧1 800 000.00元，清理费用5 000.00元，残值收入8 000.00元，企业需要缴纳增值税720.00元，均通过银行存款收支。该固定资产已清理完毕，固定资产清理会计分录如下。

1. 清理并注销固定资产原值和累计折旧。

借：固定资产清理　　200 000.00

　　累计折旧　　1 800 000.00

　　贷：固定资产　　2 000 000.00

2. 发生清理费用。

借：固定资产清理　　5 000.00

　　贷：银行存款　　5 000.00

3. 残值收入。

借：银行存款　　8 720.00

　　贷：固定资产清理　　8 000.00

　　　　应交税费——应交增值税（销项税额）　　720.00

4. 结转固定资产清理净损益。

净损失 =（200 000.00+5 000.00）−8 000.00=197 000.00（元）

借：资产处置损益　　　　　　　　　　　　197 000.00

　　贷：固定资产清理　　　　　　　　　　　　197 000.00

协助生产部门确定合理存货量

合理存货量也称合理库存，指与企业正常经营相适应的、可行的商品库存量。企业库存不能过大或过小，大了占用资金，不利于改善经营管理水平；小了数量不足，容易发生供不应求甚至脱销等问题。

正常情况下，合理存货量也称安全存量，它与企业紧急订货天数及每天使用量等都有密切关系，计算公式如下：

合理库存量 = 紧急订货所需天数 × 每天的使用量

对于小型批发企业和零售企业来说，根据商品销售任务和周转天数（即进货在途天数）、销售准备天数、商品陈列天数、保险天数和进货间隔天数等计算确定的商品库存量，可以是最高库存量，也可以是最低库存量，而介于两者之间的平均库存量就是这些企业的合理存货量。

最高库存量 = 最高日生产量 × 最短交付天数 + 安全系数 / 天

最低库存量 = 最低日生产量 × 最长交付天数 + 安全系数 / 天

合理库存量 =（最高库存量 + 最低库存量）÷ 2

企业在设计合理库存量时要从实际出发，切忌沿用其他企业的数据。

了解存货管理中有哪些舞弊行为

为了能够快速发现存货管理中存在的问题，管理者有必要了解存货管理中可能存在的一些舞弊行为，如表 2-6 所示。

表 2-6　存货管理中常见的舞弊行为介绍

舞弊行为	具体介绍
随意更改存货计价方式	公司可以根据自身需要选择一种存货计价方法，方法选定后一个纳税年度内不得随意改变。然而在实际操作中，很多公司都在随意更改存货计价方法，造成会计制表前后各期统计口径不一致
虚报存货损失，中饱私囊	有些公司的存货保管人员利用职务之便，勾结车间人员涂改账目，或到期时虚报物资和夸大损失，冒领或用假的领料单，盗窃物资并转移出售
以物易物	根据国家相关规定，公司之间以生产资料换取生活资料视同销售，要做购进和销售账务处理，并计算税费。而有的公司在这个过程中不结算、不入账，隐瞒利润
虚减利润，人为提高成本	有的公司为了逃避所得税，会办理存货假出库手续，从而虚减利润，或是虚列材料费用，人为提高产品成本
人为提高材料成本差异率	有的公司为了控制超额利润（收益与成本之差），会从隐匿收入和虚抬成本两方面入手，人为提高材料成本差异率，多分摊材料成本差异，从而起到少缴税的目的
人为调整在产品完工程度和产品成本	公司为了调整利润，常常会故意多折合或少折合月末在产品的约当产量，或多计或少计在产品的生产完工程度等，以此调节生产费用在在产品和完工产品之间的分配，从而改变当期产品成本

第3章

借助利润表才能清楚企业是否赚钱

利润通常是企业管理者和投资者比较关注的指标，因为可通过它看出企业是否发展良好。管理者想要了解企业是否赚钱，可以通过利润表快速了解。另外，也可以通过利润数据调整企业的管理策略，使企业更好地发展。

解析利润表的构成

管理者学习利润表，首先需要了解利润表的基本结构，才能理解利润表传达出的信息。虽然可以通过资产负债表的所有者权益大致了解企业的盈利情况，但通过利润表可以更加详细地了解利润情况。

（1）了解企业的进账科目

利润表，又叫损益表，是反映企业在一定会计期间的经营成果的财务报表。利润表能够反映企业在一定时期内的各种收入、发生的费用、成本、支出及实现利润或产生亏损的情况。下面来看利润表相关的进账科目，如表 3-1 所示。

表 3-1　利润表相关的进账科目

科　　目	具体介绍
主营业务收入	指企业从事主要生产、经营活动所取得的营业收入。如房地产企业销售住房的收入；建筑企业的工程结算收入
其他业务收入	指企业主营业务收入以外的营业收入，包括固定资产出租、包装物出租等收入
营业外收入	指与生产经营过程无直接关系，应列入当期利得的收入，在利润表中需单独列示。如债务重组利得、企业合并损益、盘盈利得等
主营业务利润	又称基本业务利润，是主营业务收入减去主营业务成本和税金及附加得来的余额
其他业务利润	指企业其他业务收入扣除对应成本和税金后的余额
利润	销售利润 = 营业收入 − 营业成本 − 税金及附加 − 销售费用 − 管理费用 − 财务费用 − 资产减值损失 + 公允价值变动收益 + 投资收益等
投资收益	指企业对外投资所得的收益

续表

科　　目	科目名称
补贴收入	是企业从政府或某些国际组织得到的补贴，一般是企业履行了一定的义务后得到的定额补贴
其他	出售、处置部门或被投资单位所得收益，会计政策变更或会计估计变更增加的利润

营业收入包括主营业务收入和其他业务收入。管理者通过利润表可以了解企业经营业务的情况，加深对企业的了解。

此外，利润表与资产负债表有较大联系，资产负债表中的所有者权益数据的来源是利润数据，且利润表中的很多数据都是资产负债表中数据的参考。

（2）经营过程中的支出项目

利润表中不仅反映了收入，还反映了支出，管理者需要了解和重视。主要有如表 3-2 所示的支出项。

表 3-2　利润表相关的支出项

科　　目	具体介绍
主营业务成本	指企业销售商品、提供劳务等经营性活动所发生的成本
税金及附加	企业经营主要业务应负担的消费税、城市维护建设税、城镇土地使用税、资源税和教育费附加等
其他业务成本	指企业确认的除主营业务活动以外的其他日常经营活动所发生的支出，包括销售材料的成本、出租固定资产的折旧额、出租无形资产的摊销额及出租包装物的成本或摊销额等
营业外支出	除主营业务成本和其他业务成本等以外的各项非营业性支出，如罚款支出、捐赠支出和非常损失等
销售费用	指企业销售商品和材料、提供劳务的过程中发生的各种费用，包括企业在销售商品过程中发生的保险费、包装费、展览费和广告费等

续表

科　　目	具体介绍
管理费用	指企业行政管理部门为组织和管理生产经营活动而发生的各种费用，包括工会经费、职工教育经费、业务招待费等
财务费用	指企业为筹集生产经营所需资金而发生的费用，包括利息支出（减利息收入）、汇兑损失和金融机构手续费等
所得税费用	根据国家税收规定，在生产经营所得中提取部分收益作为税费按时缴纳
其他	自然灾害发生的损失、债务重组损失、投资损失、会计政策变更和会计估计变更减少的利润等

在生产经营中，企业不断地发生各种费用支出，同时取得各种收入，简单理解为收入减去费用，剩余的部分就是企业的盈利。取得的收入和发生的相关费用的对比情况就是企业的经营成果。

利润表中的支出数据也与资产负债表中的相关科目有所联系，是资产负债表中某些资产类科目和负债类科目数据的来源。

知识延伸｜如何确定企业盈利

利润表主要体现企业的盈利情况，其中营业利润率只能说明企业短期的盈利情况和资金使用效率，而回报率才是企业发展追求的终极目标。营业利润率高于同行，说明企业成本和运营费用控制得好，企业本期获利能力较强，计算公式如下：

营业利润率＝营业利润÷营业收入总额×100%

资产回报率就是企业利用资产来赚钱的效率，指企业一定时期内息税前利润与平均资产总额的比值。计算公式如下：

资产回报率＝（税前利润＋利息费用）÷平均资产总额×100%

平均资产总额＝（本年年初总资产＋本年年末总资产）÷2

我国企业会计制度规定，企业的利润表采用多步式，每个项目通常又分为“本月数”和“本年累计数”两栏列示。利润表模板如图 3-1 所示。

利润表

会企 02 表

编制单位：　　　　　　　　　　　年　　月　　　　　　　　　　　单位：元

项目	本期金额	本年累计数
一、营业收入		
减：营业成本		
税金及附加		
销售费用		
管理费用		
研发费用		
财务费用		
其中：利息费用		
利息收入		
加：其他收益		
投资收益（损失以“-”号填列）		
其中：对联营企业和合营企业的投资收益		
以摊余成本计量的金融资产终止确认收益（损失以“-”填列）		
净敞口套期收益（损失以“-”号填列）		
公允价值变动收益（损失以“-”号填列）		
信用减值损失（损失以“-”号填列）		
资产减值损失（损失以“-”号填列）		
资产处置收益（损失以“-”号填列）		
二、营业利润（亏损以“-”号填列）		
加：营业外收入		
减：营业外支出		
三、利润总额（亏损总额以“-”号填列）		
减：所得税费用		
四、净利润（净亏损以“-”号填列）		
（一）持续经营净利润（净亏损以“-”号填列）		
（二）终止经营净利润（净亏损以“-”号填列）		
五、其他综合收益的税后净额		
（一）不能重分类进损益的其他综合收益		
1. 重新计量设定受益计划变动额		
2. 权益法下不能转损益的其他综合收益		
3. 其他权益工具投资公允价值变动		
4. 企业自身信用风险公允价值变动		
……		
（二）将重分类进损益的其他综合收益		
1. 权益法下可转损益的其他综合收益		
2. 其他债权投资公允价值变动		
3. 金融资产重分类计入其他综合收益的金额		
4. 其他债权投资信用减值准备		
5. 现金流量套期储备		
6. 外币财务报表折算差额		
……		
六、综合收益总额		
七、每股收益：		
（一）基本每股收益		
（二）稀释每股收益		

图 3-1　利润表模板

从利润表中能读到企业哪些信息

利润表中的数据较为丰富，管理者可以从中获得许多信息，如企业的盈利能力是否合适、企业生产成本是否过高等。那么，管理者通过利润表究竟能了解到哪些企业信息呢？

管理者首先要了解利润表主要反映哪些内容，如图 3-2 所示。

利润表主要反映的内容

- 反映构成主营业务利润的各项要素。从主营业务收入出发，减去为取得主营业务收入而发生的相关费用、税金后得出主营业务利润。
- 反映构成营业利润的各项要素。营业利润在主营业务利润的基础上加上其他业务利润，减去销售费用、管理费用等损益后得出。
- 反映构成利润总额（或亏损总额）的各项要素。利润总额（或亏损总额）是在营业利润的基础上加（减）、营业外收支后得出。
- 反映构成净利润（或净亏损）的各项要素。净利润是（或净亏损）在利润总额（或亏损总额）的基础上，减去本期计入损益的所得税费用后得出。

图 3-2　利润表主要反映的内容

了解了利润表反映的内容后，企业管理者就可以通过利润表分析了解企业的其他经营信息。

◆ 可据以评价和考核管理人员的绩效

比较前后期利润表上各项收入、费用、成本及收益的增减变动情况，并考查其增减变动的原因，可以较为客观地评价各职能部门和生产经营单位的绩效，以及这些部门和人员的绩效与整个企业经营成果的关系，以便评判各部门管理人员的功过得失，及时做出采购、生产、销售、筹资和人事等方面的决策调整，使各项活动趋于合理。

◆ 评价和预测企业的偿债能力

利润表本身并不提供偿债能力的信息，然而企业的偿债能力不仅取决于资产的流动性和资本结构，也取决于获利能力。因此，需要结合资产负债表和利润表的数据来分析企业的偿债能力。

企业在个别年份获利能力不足，不一定影响偿债能力，但若一家企业长期的获利能力较差，则资产的流动性必然由好转坏，资本结构也将逐渐由优变劣，陷入资不抵债的困境。因此，一家数年收益很少、获利能力不强甚至亏损的企业，通常其偿债能力不会很强。

营业费用等同于营业成本吗

营业费用与营业成本只有两字之差，那么营业费用与营业成本是否相同呢？答案是否定的。营业费用与营业成本是不相同的，企业管理者要注意区分。

（1）概念不同

下面来看营业费用和营业成本的含义。

◆ 营业费用（即销售费用）指企业销售商品和材料、提供劳务的过程中发生的各种费用，包括企业在销售商品过程中发生的保险费、包装费、展览费和广告费、商品维修费、预计产品质量保证损失、运输费、装卸费等及为销售本企业商品而专设的销售机构（含销售网点、售后服务网点等）的职工薪酬、业务费、折旧费等经营费用。

◆ 营业成本也称运营成本或经营成本。指企业销售的商品本身的成本或者提供劳务的成本。商品和提供劳务的成本是由生产经营成本形成的。例如，工业企业营业成本的构成主要包括直接材料、直接人工、其他直接支出和制造费用等。

（2）内容不同

营业费用和营业成本在内容上也有一定的差异，如图 3-3 所示。

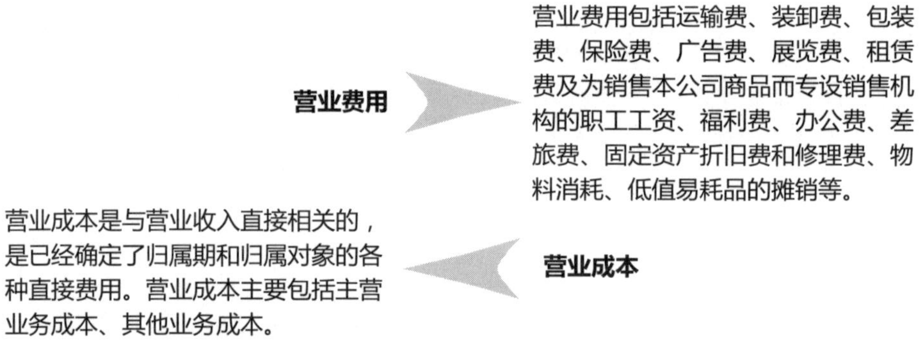

图 3-3　营业费用和营业成本的内容差别

（3）科目核算不同

除了前面介绍的营业费用和营业成本在概念和内容上的差异外，两者的核算科目也不相同。营业成本需要分别核算主营业务成本和其他业务成本，图 3-4 所示为营业成本的科目核算方式。

营业费用需要分别核算商品相关费用和业务、人工费用，图 3-5 所示为营业费用的科目核算方式。

营业成本的科目核算

- 主营业务成本：用于核算企业因销售商品、提供劳务或让渡资产使用权等日常活动发生的实际成本。“主营业务成本”账户下应按照主营业务的种类设置明细账，进行明细核算。期末，应将本账户的余额转入“本年利润”账户，结转后本账户应无余额。
- 其他业务成本：用于核算企业除主营业务成本以外的其他销售或业务发生的支出，包括销售材料、提供劳务等发生的相关成本、费用，以及相关税金及附加等。“其他业务成本”账户下应按其他业务的种类，如“材料销售”“代购代销”“包装物出租”等进行明细核算。

图 3-4　营业成本的科目核算方法

营业费用的科目核算

- 商品相关费用：销售商品过程中发生的包装费、保险费、展览费和广告费、运输费、装卸费等，借记“销售费用”科目。
- 业务、人工费用：为销售本企业商品而专设的销售机构的职工薪酬、业务费等经营费用，借记“销售费用”科目。期末，应将本科目余额转入“本年利润”科目，结转后本科目应无余额。

图 3-5　营业费用的科目核算方法

此外，《企业会计准则第 30 号——财务报表列报》中对利润表中的营业成本和营业费用进行了单独列示，如图 3-6 所示。

项　　目	本期金额	上期金额
一、营业收入		
减：营业成本		
税金及附加		
销售费用		

图 3-6　营业成本和营业费用单独列示

营业利润和净利润一样吗

在利润表中，最具价值的数据当属营业利润和净利润等利润指标，但这些利润指标所反映的经济信息是不相同的。

通过营业利润可以直观地了解到企业营业状况的好坏；利润总额可以清楚反映企业当期总共获得多少收益；而净利润则可以直接体现企业最终扣除所得税费用后是否还处于赚钱的状态。三者之间的关系如图 3-7 所示。

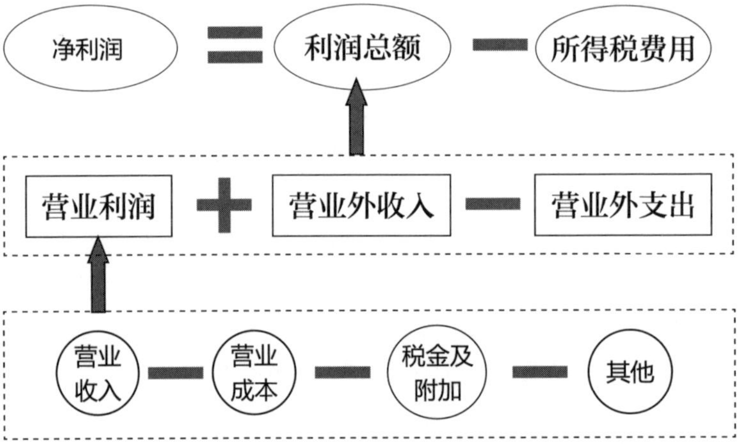

图 3-7　营业利润、利润总额和净利润之间的关系

其中，营业利润的得来涉及很多项目，这里介绍其具体的公式。

营业利润 = 主营业务收入 − 主营业务成本 − 税金及附加 + 其他业务收入 − 其他业务成本 − 营业（销售）费用 − 管理费用 − 财务费用 + 投资收益 + 公允价值变动收益 − 资产处置损失等

可以看出，营业利润最贴近实际经营活动情况，但并不能给管理者提供最直接、最有效的数据；而净利润虽然是经过两次运算后才得出的数据，却是管理者最想知道的数据，因为通过该数据可以一目了然地知道企业当期是否盈利。

净利润多，企业经营效益好；净利润少，企业经营效益差。虽然企业可以通过增加利润总额的方式提高净利润，但净利润的多寡还受到企业所得税率的影响。在同样的利润总额下，法定企业所得税率越高，则净利润越低。净利润之所以受到管理者的重点关注，原因很多，但主要的还是下面两个。

用于分析净利润现金含量。净利润现金含量指企业生产经营过程中的现金净流量与净利润的比值，该比值越大，说明销售回款能力越强，成本费用低，财务压力小。

是预计未来现金流量的基础。通过分析净利润可以预计未来现金流量，而现金流量和净利润的差异程度又可以揭示净利润的品质好坏。因此，两者之间是相辅相成的关系，可以促使企业管理当局与企业有利益关系的外部集团和个人日益关注企业净利润、现金流量和创收现金能力等信息。

营业外收入过多怎么办

营业外收入指与生产经营过程无直接关系，应列入当期利得的收入。营业外收入通常有债务重组利得、政府补助、盘盈利得、固定资产和无形资产处置利得及罚款收入等，具体介绍如下。

- **债务重组利得：**指重组债务的账面价值与清偿债务的现金及非现金资产的公允价值、所转股份的公允价值或者重组后债务账面价值之间的差额。

◆ **政府补助**：指企业从政府无偿取得货币型资产或非货币型资产形成的利得。

◆ **盘盈利得**：指企业对于现金等资产在清查盘点中盘盈的资产部分报经批准后计入营业外收入的金额。其中固定资产盘盈指企业在财产清查盘点中发现的账外固定资产的估计原值减去估计折旧后的净值。现行的准则中将固定资产盘盈计入“以前年度损益调整”账户。

◆ **固定资产和无形资产处置利得**：指企业出售固定资产所取得价款和报废固定资产的残料价值和变价收入等，扣除固定资产的账面价值、清理费用、处置时的相关税费后的净收益；无形资产出售利得指企业出售无形资产所取得价款扣除出售无形资产的账面价值和出售时相关税费后的净收益。

◆ **罚款收入**：指对方违反国家有关行政管理法规，按照规定支付给本企业的罚款。

营业外收入过多，表明企业可能将过多的精力花在了主营业务之外，不利于企业主营业务的发展。然而，企业的经营和发展主要依靠主营业务的销售收入，营业外收入只是企业总收入中的一小部分。如果企业想要通过营业外收入来提高总收入，将会陷入本末倒置的经营误区，导致企业无法实现长远发展。

因此，企业管理者势必要减少营业外收入的来源，有效控制其占据总收入的比例，促使员工将更多精力和时间用在主营业务上。

但如果企业在被动的情况下面临营业外收入过多，管理者需要采取哪些方面的措施呢？

尽量充分利用企业自身专利技术。一项技术成为专利并不容易，它不仅有货币价值，更有精神价值，所以其转让或售卖很可能会使企业丢失该技术带来的后续利益。不转让或出售专利技术就不会有技术服务收入这一项营业外收入，企业可以充分发挥技术的作用，为企业带来更多的主营收益。

不要太注重约束客户的违约行为。营业外收入中的一大版块就是客户或供货商等付给企业的违约金，很多企业为了自身利益，总是抓着客户或供货商的违约责任不放，希望以此获得高额违约金，为企业“增收”。这一做法不仅使员工和企业忽略了主营业务的经营，而且还会弄僵企业与客户或供货商的关系，得不偿失，适当地约束违约行为即可。

制定相关制度，限制主营业务以外的业务。从企业的长期发展考虑，制定制度限制与经营活动无直接关系的业务的发展，充分利用企业现有的资源，以规范的制度约束企业和管理者的行为，减少营业外业务的开展，进而减少营业外收入，同时将省下的资源用于主营业务，促进企业健康发展。

用利润表数据分析企业盈利能力

盈利能力反映的是企业资产的运用能力，或者是使资产增值的能力。企业的盈利能力对企业发展的影响较大，如果盈利能力较差，会影响投资者对企业的投资，毕竟投资是为了赚钱。盈利能力差还会影响债权人给企业融资，因为企业盈利能力差，债权人会考虑企业能否按时偿还债务，进而影响债权人提供资金支持的决定。

企业盈利能力好，会给外界留下好印象，更有利于企业发展。因此，管理者需要分析企业的盈利能力，及时发现影响企业提高盈利能力的因素，并提出有效的解决方案，从而提高盈利能力，为企业拓宽融资渠道。

企业管理者分析企业的盈利能力，可以从多方面、多角度考虑。具体涉及企业盈利能力分析的指标包括销售利润率、成本费用利润率和资本金利润率等。

（1）销售利润率

销售利润率是企业利润总额与销售额之间的比率，反映销售收入的收益水平，即每元销售收入所获得的利润。计算公式如下：

销售利润率 = 利润总额 ÷ 营业收入 ×100%

该比率越高，表明为企业新创造的价值越多，贡献越大，也反映企业在增产的同时，为企业多创造了利润，实现了增产、增收。通过销售利润率分析盈利能力的过程如图 3-8 所示。

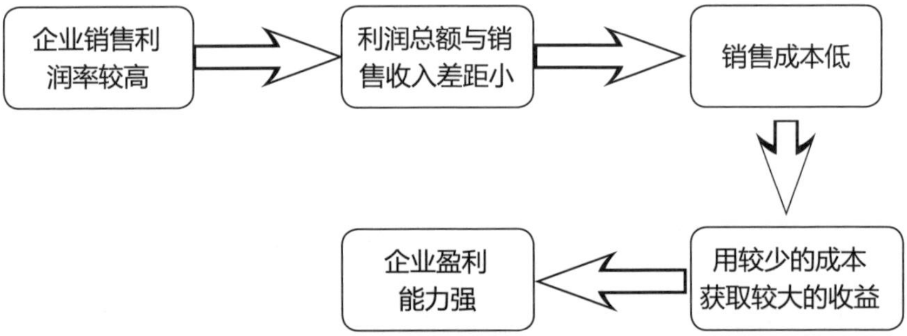

图 3-8　销售利润率分析盈利能力的过程

（2）成本费用利润率

成本费用利润率指企业利润总额与成本费用总额的比率。它是反映企业生产经营过程中发生耗费与获得收益之间的关系指标，其计算公式如下：

成本费用利润率 = 利润总额 ÷ 成本费用总额 ×100%

该比率越高，表明企业能够耗费较小的代价获得较高的收益。成本费用利润率是一个能直接反映增收节支、增产并提高效益的指标。企业生产销售收入的增加和费用开支的节约，都能使这一比率提高。

换句话说，成本费用率越高，表示企业能够用较少的钱获取较多的利润，实现企业高速发展。

（3）总资产利润率

总资产利润率是企业利润总额与企业资产平均总额的比率，即过去所说的资金利润率。它是反映企业资产综合利用效果的指标，也是衡量企业利用债权人和所有者权益总额实现盈利的重要指标。其计算公式如下：

总资产利润率 = 利润总额 ÷ 资产平均总额 ×100%

资产平均总额 =（年初资产总额 + 年末资产总额）÷2

总资产利润率越高，表明资产利用的效益越好，整个企业获利能力越强，经营管理水平越高。

（4）资本金利润率

资本金利润率是企业的利润总额与资本金平均总额的比率，是反映投资者投入企业的资本金的获利能力的指标。资本金利润率计算公式如下：

资本金利润率 = 利润总额 ÷ 资本金平均总额 ×100%

资本金平均总额 =（当期期初所有者权益总额 + 当期期末所有者权益总额）÷2

资本金利润率越高，说明企业资本金的利用效果越好；反之，则说明资本金的利用效果不佳。资本金利润率越高表示企业经营管理水平越高。

管理者怎样找出利润表中的作假行为

财务造假行为在企业中是很有可能发生的，特别是对于一些财务能力较强的员工。如果管理者不引起重视，则很有可能被造假数据蒙骗。因此，企业管理者需要知道利润表中可能存在的造假行为或方式，才能及时发现并做好预防工作，避免遭受损失。

（1）了解常见的利润表造假方式

利润表造假主要包括两方面，一是虚增利润，二是隐瞒利润。其中虚增利润的利润表造假主要通过 3 种方法实现，分别是虚增收入、虚减成本和虚增非经常性损益。常见的利润表造假大都是围绕这 3 种方法进行，只是具体的操作不同，但都是为了造假，人为提高利润。

管理者明确常见造假方式，能够及时找出利润表中的漏洞和破绽，及时进行处理。相关说明如表 3–3 所示。

表 3–3　利润表中常见的造假方式

造假方式	具体介绍
虚增收入实现虚增利润	通过虚增收入来虚增利润主要有两个途径，分别是虚构应收账款和增收不增税 虚构应收账款：与老客户之间达成共识，开具无实际经济事项发生的业务往来单据，虚增应收账款，进行虚增收入、利润 增收不增税：企业利用增值税抵扣原则，和其他公司对开增值税发票，收到对方公司开具的增值税进项税额的发票后就可进行抵扣，从而逃避税收，增加利润的同时不增加税赋
虚构其他应收款项	应收账款主要指货款，而其他应收款指其他往来款项，可以是委托理财、某种短期借款、某种无形资产款项等。其他应收款在造假方面比较容易，而且估价随意性比较大，不容易被发现

续表

造假方式	具体介绍
更改存货计价方式	企业利用发出存货的计价方法变动，故意调整存货成本使其减少，调高利润。当材料按实际成本计价时，选用能减少本期材料耗用的计价方法，人为调低发出材料成本，以达到虚增利润的目的；当材料按计划成本计价时，利用材料成本差异账户进行调整，有意多分摊节约差异或少分摊甚至不分摊超支差异，以达到调低发出材料成本、调高利润的目的
费用造假虚增利润	直接费用包括直接材料、直接人工和制造费用，即主营业务成本的组成部分。如企业将已经完工的产品成本继续在“生产成本”账户中挂账；已经售出的产品成本继续在“库存商品”账户中挂账。期末结算时少计成本，这样就可虚增利润。此外，一些不固定的费用也是造假的对象，例如广告费、宣传费、财务费用以及管理费用等 有的当企业出现经营问题或发生亏损时，将应摊的费用少摊或不摊，减少本期成本，人为调高利润

下面来看具体的案例。

【案例 1】

某家电公司称自己在经营的第一年卖出了 10 万台空调，赚取了 1.00 亿元利润（如果是赊销，应收账款的俗称就是赊销），该公司的股价一路攀升。

到了第二年年底，这家家电公司却声称上一年度销售的 10 万台空调都被退货了，则此前宣布的 1.00 亿元利润都要取消，股价肯定会一落千丈，缺乏警惕的投资者必然损失惨重。

这就是典型的通过虚增应收账款，实现虚增企业利润，最终却导致企业出现问题的财务作假行为。管理者若能够及时发现，则能够使投资者避免损失。

【案例 2】

某成立不久的石化公司业绩发展迅速，一度超过业界龙头，然而该企业的业绩并非表面上的那么好。通过对该企业的《招股说明书》进行研究发现，该企业的 A 生产原料采购价为 6 500.00 元 / 吨；而该生产材料的市场均价为

8 200.00 元 / 吨，该企业采购价与市场均价相差 1 700.00 元 / 吨。此外，该企业的 B 项生产材料的采购价也与市场均价相差 700.00 元 / 吨。

这就很容易理解该企业的业绩为何如此之好，很可能是该企业存在虚增利润的作假情况。

（2）管理者要注意利润突变

在企业经营的过程中，如果出现利润突变（突然增加或减少），管理者需要提高警惕，不能被利润数据冲昏头脑，要仔细分析，避免被骗。

数据突变必然是有原因的，管理者要谨慎对待，勘察利润突变的原因，落实情况，具体有以下一些操作。

- ◆ 与以往的正常数据进行对比，找到数据突变的源头，弄清导致数据突变的具体原因。
- ◆ 将财务报告与实际账目数据进行对比，判断财务数据是否被篡改。
- ◆ 检查企业的原始凭证，查看企业的折旧、摊销和冲销等账目是否正常。

管理者找到企业利润突变的原因后，就需要分析其是否合理。若是不合理，则需要采取相应的措施，如图 3-9 所示。

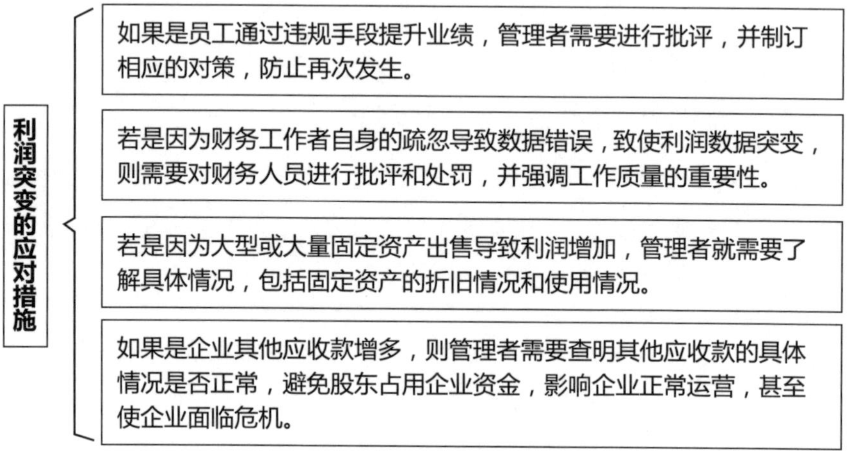

图 3-9　利润突变的应对措施

（3）推断利润表造假的原因

企业利润表造假的原因有很多，不仅有企业内部和外部的原因，还与企业员工有关。管理者了解这些原因，有助于从造假原因推断造假行为或是杜绝出现造假现象。

利益是驱动因素。有的企业在发展不是很好的情况下，或是市场竞争加剧，企业业绩不良的情况下，为了维护企业形象，营造一种经营良好的假象，有可能对企业的利润表造假。因此，管理者要对企业负责，就需要弄清企业其他管理者是否对财务工作进行了干预。

某公司某年通过一整套假账的造假手段实现粉饰其经营业绩的目的，通过造假购销合同、货物入库单、出库单、保管账以及成本核算等，最终导致公司资产虚增了 3 000.00 万元，扣除虚增的 650.00 万元负债后，总共虚增所有者权益 2 350.00 万元；主营业务收入凭空增加 5 000.00 万元，由此导致利润总额虚增 2 890.00 万元。

这就是比较典型的为了营造一种公司经营状况良好的假象，粉饰经营业绩，管理者要能够发现其中存在的问题。

缺乏监督导致造假。企业对利润造假的监督存在一定困难。由于财务人员受雇于企业，本身的监督职能受到极大的限制。有的企业为了自己的利益甚至还会给财务人员施压，让财务人员在利润表中造假，这样就更加难以加强内部监督了。企业的相关管理者应当注意，避免干预财务人员的工作或指使财务人员进行财务造假。

财务人员自身缺陷或从属性。财务人员在企业中较为特殊，如果财务人员本身存在道德问题，则有可能为了谋求自己的利益而损害企业利益。还可能由于财务人员从属于领导，受到企业负责人领导和要求，被迫在财务工作中弄虚作假，损害企业利益。

违规的代价小，导致人们铤而走险。目前，我国关于财务造假的法律法规还不够完善，一般以行政处罚为主，对造假人员的处罚也比较轻，因此造假的成本低。而对于想要从企业经营中获利的人来说，造假成了主动意愿。企业管理者要加强监督管理，完善内部监督机制，杜绝造假行为。

如何通过毛利率的高低看账务真假

管理者可以通过毛利率看企业的盈利情况，也可通过毛利率分析企业账务的真假，从而起到监督的作用，避免出现造假行为。

（1）了解什么是毛利率

毛利率又可以称为销售毛利率，它与企业的销售收入相关，表示销售收入减去销售成本后，剩余的可用于各项期间费用开支的余额，该余额还能给企业带来一定的盈利。该比率通常用百分数表示，是衡量企业的盈利能力的一个重要指标。

根据不同的标准，可以将毛利率划分为不同的形式。

- 从企业所属行业出发，可分为服务行业毛利率、交通运输业毛利率和商品销售毛利率等。
- 从商品的角度出发，则可分为综合商品毛利率、大类商品毛利率、单项商品毛利率等。

企业的销售毛利率可以根据企业的利润表数据计算得出，它是企业一种重要的经营指标，能反映企业产品的竞争力以及获利能力，是企业净利润的起点。因此，销售毛利率可以在一定程度上反映企业主营产品或主营劳务的盈利情况，有利于管理者对此做出分析。

管理者通过销售毛利率的变化，可以查看近期的经营业绩，发现经营管理中的财务问题以及税务问题，不断地完善经营管理。

实务中一般使用“销售毛利率 =（销售净收入 – 产品成本）÷ 销售净收入 ×100%”。

理论上使用“销售毛利率 =（主营业务收入 – 主营业务成本）÷ 主营业务收入 ×100%”。

在计算毛利率时还会计算毛利额和收入额，不同的企业计算方法不同。对于贸易企业，销售收入一般指不包含增值税税额的收入，即不计税的价格；而对于建筑企业，一般收入是将相关的税收包含在内的。

毛利率 =（不含税售价 – 不含税进价）÷ 不含税售价 ×100%

=（1– 不含税进价 ÷ 不含税售价）×100%

如果要计算企业的毛利额，那么就可以采用公式“毛利额 = 销售收入总额 × 平均毛利率”。相对来说，企业的毛利率越高，企业的盈利能力越强，企业对于成本的控制能力也就越强。除此之外，还可用于以下计算公式进行相应计算。

销售毛利率 =（销售收入 – 销售成本）÷ 销售收入 ×100%

销售收入 = 销售数量 × 单价，销售成本 = 销售数量 × 单位成本

此外，企业的毛利率还间接地受到市场产品的供求关系、企业内部的成本管理制度、产品的价值以及特色、企业所处的行业环境和应收账款周转率等因素影响。

（2）如何通过毛利率的高低看账务真假

通过对企业毛利率的分析，可以了解企业的销售价格以及销售成本的真

假，从而分析企业是否有逃避税收的情况。那么我们可不可以通过毛利率的高低来查看账务的真假呢？答案是可以的。

对于企业管理者来说，任何一项投资最根本的目的在于获利，毛利是企业通过一定的经营管理工作获得利润的基础，企业要想实现盈利最大化，就需要获得足够多的毛利。

在不考虑其他因素的情形下，毛利额与毛利率成正比，也与企业的收入总额成正比。当企业的利润总额在缴纳一定的税收后，就可得出企业的净利润，该税收与企业利润是负相关的。

此外，企业在产品销售过程中发生的增值税，也与毛利率成正相关。企业为了逃避相应的所得税或增值税，可能会在企业的对外账目中作假，通过降低售价、增加成本和降低毛利总额等方式，降低企业应缴纳的增值税和所得税。

因此，企业管理者在对企业的账目进行审核时，如果发现企业的毛利率与同行相比较低，并且低到超出正常范围很多，企业的毛利额还不能维持期间费用，从账面来看，企业长期处于一种亏损状态，则表明企业的账目可能存在问题，严重的可能存在造假。

另外，企业的收入与成本的账目不够清楚明朗，那么表示企业可能通过人为地降低销售收入和增加销售成本，达到降低了毛利率的目的。

第4章

管好现金流 才能让企业有钱可用

现金流指企业资金的日常往来情况，可以帮助管理者了解资金流向。管理者需要从现金流量表中了解日常资金使用情况，诊断企业经营是否健康，确定企业合理的现金持有量，促进企业健康发展。

解析现金流量表的构成

现金流量表是财务三大报表之一，所反映的是在一固定期间内，一家企业的现金（包含银行存款）的增减变动情形。然而，有很多企业的管理者都不重视现金流量表，认为该表没什么用处，其实不然。

现金流量表反映出资产负债表中各个项目对现金流量的影响，通过该表能够分析一家企业在短期内有没有足够的现金去应付开销等，其作用十分强大，因此企业管理者需要引起重视。

在现金流量表中，按照现金来源和用途各不相同，对报表内容按照经营活动、投资活动和筹资活动分为了 3 类，如图 4–1 所示。

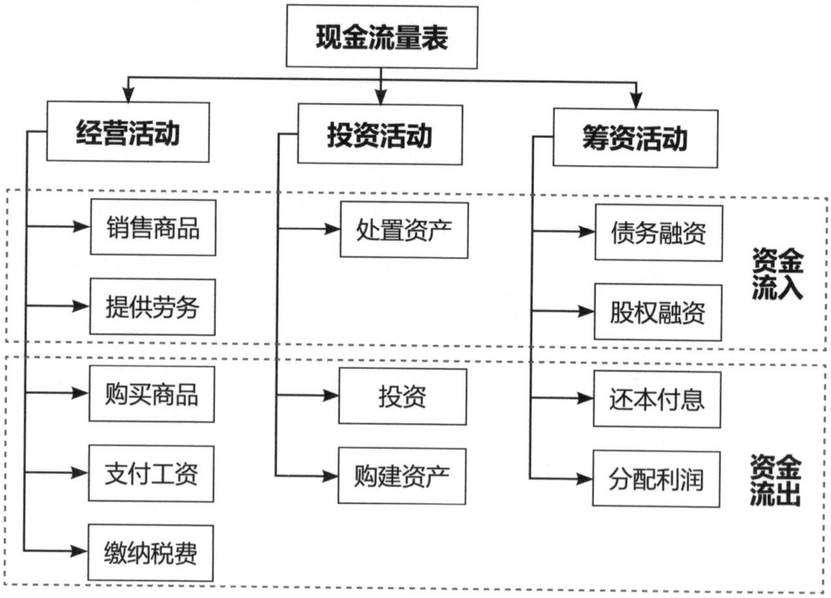

图 4–1　现金流量表结构图

下面具体来看现金流量表模板，如图 4-2 所示。

现金流量表

会企 03 表

编制单位：　　　　　　　　年　　月　　　　　　　　单位：元

	项目	本月金额	本年累计金额
	一、经营活动产生的现金流量：		
	销售商品、提供劳务收到的现金		
	收到的税费返还		
	收到其他与经营活动有关的现金		
	经营活动现金流入小计		
经营活动	购买商品、接受劳务支付的现金		
	支付给职工以及为职工支付的现金		
	支付的各项税费		
	支付其他与经营活动有关的现金		
	经营活动现金流出小计		
	经营活动产生的现金流量净额		
	二、投资活动产生的现金流量：		
	收回投资收到的现金		
	取得投资收益收到的现金		
	处置固定资产、无形资产和其他长期资产收回的现金净额		
	处置子公司及其他营业单位收到的现金净额		
	收到其他与投资活动有关的现金		
	投资活动现金流入小计		
投资活动	购建固定资产、无形资产和其他长期资产支付的现金		
	投资支付的现金		
	取得子公司及其他营业单位支付的现金净额		
	支付其他与投资活动有关的现金		
	投资活动现金流出小计		
	投资活动产生的现金流量净额		
	三、筹资活动产生的现金流量：		
	吸收投资收到的现金		
	取得借款收到的现金		
	收到其他与筹资活动有关的现金		
	筹资活动现金流入小计		
筹资活动	偿还债务支付的现金		
	分配股利、利润或偿付利息支付的现金		
	支付其他与筹资活动有关的现金		
	筹资活动现金流出小计		
	筹资活动产生的现金流量净额		
	四、汇率变动对现金及现金等价物的影响		
	五、现金及现金等价物净增加额		
	加：期初现金及现金等价物余额		
	六、期末现金及现金等价物余额		

图 4-2　现金流量表模板

图 4-1 中所示的结构是对现金流量表大致结构进行梳理，例如对于某企业而言，资金流出包括采购原材料、支付员工工资和缴纳税费等；收回的商品销售货款就是经营活动的现金流入。购买生产设备、建造厂房以及对外投资等是投资活动的现金流出；变卖或处置资产则有现金流入。向银行贷款或向股东筹集资金就是筹资活动的现金流入；归还贷款本息和向股东分红就是筹资活动的现金流出。

从图 4-2 可以发现，现金流量表中将经营活动现金流量、投资活动现金流量和筹资活动现金流量从上到下依次排列。这种排列顺序主要由其各自的特点所决定，如表 4-1 所示。

表 4-1　3 种现金流的特点

特　　点	具体介绍
稳定性	指能够形成稳定的现金净流量的可持续性。现金流量表是按照稳定性从大到小排列的。经营活动的现金净流量稳定性最高，筹资活动现金流量的外部限制因素较多，最不稳定。投资活动的稳定性则是介于二者之间
约束性	指企业因某一业务活动所取得的现金在使用时受到限制的程度。经营活动现金流约束最小，投资现金流较大，筹资现金流最大
风险性	指某一业务活动所取得的现金使企业面临到期还本付息的压力。很明显筹资活动风险性最高，经营活动现金流风险通常最低

现金流量表中隐藏的概念要知道

现金流量表的主要作用是反映企业短期生存能力，特别是缴付账单的能力，由此可以看出现金流量表对企业的重要性。管理者不仅要了解现金流量表的表面信息，更要挖掘现金流量表中隐藏的、容易被忽视的信息。

（1）了解现金和约当现金

现金是企业经营过程中流通性最强的资产，是可由企业任意支配使用的纸帛、硬币，包括可随时取用的银行存款。

约当现金指短期且具高度流动性的短期投资，因其兑现容易且交易成本低，因此可视为现金。通常，投资日起 3 个月到期或清偿的国库券、商业本票、货币市场基金、可转换定期存单、商业本票及银行承兑汇票等皆可列为约当现金。

现金流量表中的现金主要指库存现金、银行存款、其他货币资金和现金等价物等。其中，其他货币资金包括外埠存款、银行汇票存款、银行本票存款和信用证存款等；现金等价物一般指持有期限短、流动性强、易于转化为已知金额的现金且价值变动风险很小的投资。由此可以发现，现金流量表中的现金其实包含约当现金。

另外，有的企业在现金流量表中会注明“现金及约当现金”有关项目，从而概括企业的现金流量情况，项目具体介绍如表 4-2 所示。

表 4-2　“现金及约当现金”有关项目介绍

项　　目	具体介绍
当期现金及约当现金净增加（减少）	当期现金及约当现金净增加，表示企业近期现金流入大于流出，从而产生现金流入量；当期现金及约当现金减少，表示企业近期现金流入小于流出，产生现金流出量。所以，当企业现金及约当现金净值出现负数时，要特别注意企业是否出现了资金周转不灵的情况
年初现金及约当现金余额	该项目指当年现金流量表所涵盖的去年年底现金及约当现金的总额
年底现金及约当现金余额	该项目指当年最后一天，企业统计出来的拥有现金及约当现金的总额。数值越高，说明企业当年的现金及约当现金越多，企业资金周转灵活

这 3 个项目之间存在一定关系，具体公式如下：

年底现金及约当现金余额 = 当期现金及约当现金净

增加（减少）额 + 年初现金及约当现金余额

实际上现金流量表中的现金不单指现金和约当现金，还指企业所有广泛意义上的现金往来情况。

（2）现金进出账可能与利润不匹配

前面章节介绍过，有的企业为了稳住投资者，或是为了对外营造一种发展良好的假象，会伪造利润。而现金流则是企业流入、流出的资金的具体表现。因此，现金流量表通常是一个自然的、客观存在的、难以被粉饰和操纵的财务报表。

现金流量表中的现金进账指实际发生的现金流入，但利润有可能存在没有被实现的现金，这样两者之间就会有差异。例如，企业的利润很好，但是这个利润涉及的钱是应收账款，而且没有收回来，这就可能导致现金进出账与利润不匹配。下面来看具体案例。

某企业主要从事电器销售，去年销售额为 1 000.00 万元，今年的销售额增加了 500.00 万元。按照正常推算，今年该企业的利润应当高于去年，而从利润表中得出的净利润数据确实高于去年。

然而通过资产负债表发现，今年的资产负债表中应收账款也比去年增加了 500.00 万元，也就是说企业收入相较于去年有了增长，但现金流量表没有因为增加的 500.00 万元销售额而改变，则出现了进出账与利润不匹配。

究其原因，则是因为企业增加的利润涉及的钱是应收账款。账务处理上企业会把这笔业务计入销售收入，并计算相应的销售成本，这样利润表的数据就会在以前的基础上有所变化，从表面上看利润表好看了。但是，该过程中没有涉及现金的流入，因此现金流量表中的数据与以前的数据相比没有任何变化。

因此，管理者在分析企业盈利状况时，如果只分析利润表，而忽略了现金流量表的变化，则可能被利润表中的数据蒙骗，得出错误的结论。

（3）分析企业的资信水平和价值

管理者通过现金流量表可以分析企业的现金流量变动情况，主要考察企业生产经营活动中的现金流量与债务之间的关系。涉及的指标有当期债务比和债务保障率。

现金流量与当期债务比指年度经营活动产生的现金流量与当期债务的比值，表明现金流量对当期债务偿还满足程度。计算公式如下：

现金流量与当期债务比＝经营活动现金净流量 ÷ 流动负债总额 ×100%

从该公式可以得出，该指标数值越高，表明现金流量对当期债务清偿的保障越强，表明企业的资产流动性越好，资信水平越高；反之，表明企业资产流动性较差，资信水平较低。

债务保障比率是以年度经营活动产生的现金净流量与全部债务总额相比较，表明企业现金流量对其全部债务偿还的满足程度。计算公式如下：

债务保障比率＝经营活动现金净流量 ÷ 负债总额 ×100%

债务保障比率是以本期经营活动产生的净现金流量来衡量偿还全部负债的能力，比率越大，偿债能力越强，从而反映企业资信水平高，投资者可以放心投资；相反，该比率越低，则表示偿债能力较弱，侧面说明企业资信水平低。

企业要能够从自身的现金流量数据进行分析，挖掘其中的深层次信息，不轻信某一数据，进行多方求证，并在此基础上进行决策，那么企业将可能获得更好的发展。

从现金流量表能读到企业哪些信息

前面介绍过现金流量表，在企业经营活动中涉及十分广泛，包括营业活动、投资活动以及筹资活动。这些活动在实际发生过程中都伴随着现金流的变化。因此，企业管理者可以通过现金流量表中的数据掌握企业的经营活动情况，方便做出决策。

（1）反映经营活动的现金流项目

经营活动现金流是现金流量表中与企业经营活动有关的现金往来情况。现金流量越大的企业，其资金周转越快，效率越高，获利能力越强。管理者应懂得从现金流量项目了解企业的经营活动。反映企业经营活动的项目如表4-3所示。

表 4-3　企业经营活动相关项目

项　　目	具体介绍
收到现金	一般包括销售商品和提供劳务收到的现金（含销项税金、销售材料和代购代销业务），以及税费返还和其他经营活动收到的现金（罚款收入和个人赔偿等），管理者可以从这些项目中得知企业主营业务的收入状况
支付现金	企业经营活动的现金流出渠道一般包括购买商品、接受劳务、支付职工薪酬、支付各项税费以及支付企业其他经营活动产生的现金等。管理者可从这些项目中了解企业经营活动产生的现金流出量
折旧摊销	企业固定资产折旧和无形资产摊销要每年进行一次，而第一年购进固定资产或无形资产时就已经全款付清，以后折旧或摊销的年份将没有现金流出，所以折旧与摊销的现金流量为正数。如果折旧与摊销的现金流量出现负数，管理者就可确定其中的异常，需要进行审查
延递税项	该项目不需要现金流出，因此现金流量为正数。若递延所得税资产增加，说明企业当年预付了下一年的所得税税款

项　目	具体介绍
支付的其他与经营活动有关的现金	支付其他与经营活动有关的现金包含与经营活动有关的其他现金流出，如捐赠现金支出、罚款支出、支付的差旅费、业务招待费等，以及支付的保险费，其他现金流出如价值较大的，应单列项目反映

现金流入并不能说明企业有盈利，只能说明企业有营业收入，只有在扣除了各项营业成本后还有剩余，才能算得上盈利。

（2）反映投资活动的现金流项目

除了经营活动会影响企业的现金流量外，投资活动也能影响企业现金流量。投资活动的现金流量一般包括购买或出售固定资产、处置投资资产以及支付存出保证金等，具体介绍如表 4-4 所示。

表 4-4　企业投资活动相关项目

项　目	具体介绍
长期投资增加	该项目的现金流量值若为负数，代表企业增加了长期投资的金额，所以表现为现金流出，现金流量值为负数
处置投资资产	企业处理长短期投资资产，如短期股权和债权、长期股权和债权本金等，会有现金流入，所以现金流量为正数
投资收益	比如收到的股利、利息和利润（不含股票股利）等，这时有现金流入企业，现金流量为正数
购买固定资产	企业要投入资金来购买，所以是现金流出，现金流量为负数
处置固定资产	企业在处置固定资产的过程中有现金流入，因此现金流量为正数
购买技术、软件及其他长期性资产	此时企业会有资金流出，现金流量为负数，且会涉及“递延借项（递延费用）”这一科目，用来支付长期效益的支出。通常来说该项目的现金流量为负数。如果这一数据突然变大，则表示企业很可能在进行某个新项目的开发，或向其他企业购买了新的技术、软件等
存出保证金	这一项目表示企业支付给交易伙伴的保证金，其数值为负数时，表示企业将存出保证金作为保证金支付给了交易伙伴；若为正数，表示交易伙伴已将保证金退还给企业，有现金流入

因此，当企业投资活动的现金流量为负数时，说明企业存在向外投资，即有现金流出；若为正数，说明企业收到投资活动产生的收益，有现金流入。

（3）反映筹资活动的现金流项目

企业在经营过程中可能出现资金短缺的情况，要想继续生存、发展，就需要进行筹资，借助他人的资金帮助企业渡过难关。

筹资活动的现金流大多指导致企业资本及债务规模和构成发生变化的活动，包括从银行借入资金及接受股东投入的现金，以及企业把收益回馈给投资者的现金流出。其他影响企业长期负债及股本的活动亦列为筹资活动。具体内容如表 4-5 所示。

表 4-5　企业筹资活动相关项目

项　　目	具体介绍
应付公司债	当现金流量为正数时，表明有现金流入企业，也就是企业向外界借了钱、举了债
存入保证金	该项目是企业向交易伙伴收取的保证金。若增加，则说明企业向交易伙伴收取了保证金，有现金流入企业，所以现金流量为正数；反之，若存入保证金减少，说明企业将保证金退还给了交易伙伴，有现金流出，此时现金流量为负数
优先股现金股利	企业为了筹资，很可能发售优先股，而当一定的期限到了以后，企业要向购买了优先股的人支付现金股利，此时有现金流出企业，所以该项目的现金流量为负数
筹资活动的净现金流入（流出）	该项目的合计就是筹资活动的现金余额。若为正数，表明企业筹资活动的流入金额大于流出金额；若为负数，表明企业筹资活动的流入金额小于流出金额

知识延伸｜什么是现金流

在企业经营过程中，现金流量一般都包含了资金的往来，不仅是流入企业的资金称为现金流，资金流出企业也是现金流的表现，而现金流量不是来往资金抵销的余额，而是两个流动方向的总量之和。

用现金流量表诊断企业的健康状况

单独使用现金流量表进行分析，其结果可能存在偏差，因此实际分析中往往还会结合利润表进行分析。要分析企业的健康状况，主要可以从盈利现金比率、现金再投资比率和强制性现金支付比率这 3 个指标入手。

（1）盈利现金比率

盈利现金比率反映本期经营活动产生的现金净流量与净利润之间的比率关系，一般情况下，该比率越大，企业盈利质量也就越高。其计算公式如下：

盈利现金比率 = 经营活动现金净流量 ÷ 净利润 ×100%

公式中的经营活动现金净流量指经营活动现金的流入量减去流出量的余额（净收入或净支出）。

一般情况下，盈利现金比率是大于 100% 的，表明企业有较强的竞争力；如果企业盈利现金比率小于 100%，则说明企业本期净利润中尚存在没有实现的现金收入，在这种情况下，即使企业盈利，也可能发生现金短缺，严重时会导致破产。

（2）现金再投资比率

现金再投资比率指留存于单位的业务活动现金流量与再投资资产之比。该比率越大，表示企业的再投资能力越强；反之则表示再投资能力较弱。具体结算公式如下：

现金再投资比率 = 业务活动净现金流量 ÷（固定资产 + 长期投资 + 其他资产 + 营运资金）

公式中的分母各组成部分是某个特定时点上的存量，其中营运资金指的是流动资产减去流动负债之后的余额。一般情况下，现金再投资比率达到8% ~ 10%，即被认为是一项理想的再投资项目。

该比率越高，表明企业可用于再投资在各项资产上的现金越多，企业再投资能力强；反之，则表示企业再投资能力弱。该比率小于8%，则表示该企业能够用于再投资的现金较少；而如果企业再投资比率超过10%，则企业投资可能过多，可能增加企业经济负担。

（3）强制性现金支付比率

强制性现金支付比率就是反映企业是否有足够的现金履行其偿还债务、支付经营费用等责任的指标。其具体计算公式如下：

强制性现金支付比率 = 现金流入总量 ÷（经营活动现金流出量 + 偿还到期本息付现）

企业经营中，有些现金流出是必须支付的，如生产经营活动中必须支付的现金，偿还本金、支付利息等必须支付的现金。企业现金流入必须满足这些需要，才能保证生产经营活动的正常进行，使企业保持良好的信誉。

强制性现金支付比率越高，表示企业支付必要的经营成本的能力越强，反之则表示企业支付必要的经营成本的能力较弱。

现金流为何反复无常

通常情况下，管理者都认为企业的现金净流量如果为负数，就是一个危险信号，企业可能出现问题，甚至难以继续经营。那么现金净流量是不是一定为正才好呢？其实这是不一定的。

管理者在分析企业的现金净流量时，不仅要考虑净流量的正负，还应当多注意其他因素，避免做出错误的判断。比如考虑行业、政策、产品生命周期以及企业内部因素，这样就能理解为何现金流出现反复的企业其经营状况也可以是正常的，如图 4-3 所示。

行业特点

对于一些特殊的行业，筹资活动的现金流入量就已经足够支撑经营活动的现金流出量。这样就会导致企业长期现金净流量为负值，但是企业能够正常运营。以房地产企业为例，其现金流入以筹资活动现金流入为主，经营活动则主要表现为现金流出。

政策

任何经营活动都需要在国家法律和政策之下进行，国家出台的政策有可能有利于企业，也有可能对企业不利。如果国家出台的政策对企业不利，则有可能导致企业出现损失，导致现金流大量流出，出现负数。例如国家出台某产品质量要求政策，如果前期售出的产品达不到该质量要求，则企业需要对已经出厂的产品进行召回，这会使企业遭受损失。

内部因素

企业内部的因素也可能导致企业现金净流量出现波动，例如企业建立子公司，或是开展某项花费巨大的经营活动等，都有可能导致企业稳健的现金流量出现较大的波动，因此管理者在分析现金净流量的正负时需要考虑此因素。

产品生命周期

企业在发展过程中，其产品或技术都有一个生命周期，当企业产品或技术的生命周期到达衰退期时，企业可能就会考虑进行新的研发、升级或转型，从而使企业能够继续发展，这个过程会导致大量的现金流出。

图 4-3　现金流分析需要考虑的因素

下面通过具体的案例进行分析。

表 4-6 为某汽车公司 2004 年～2019 年的现金净流量统计表。

表 4-6　某汽车公司 2004 年～2019 年的现金净流量统计表

年　份	经营活动现金流量净额（亿元）	类　别	经营活动现金流量净额（亿元）
2004 年	21.95	2012 年	−5.60
2005 年	−16.50	2013 年	15.60
2006 年	25.63	2014 年	21.03
2007 年	4.50	2015 年	12.36
2008 年	−0.36	2016 年	2.36
2009 年	12.35	2017 年	5.36
2010 年	25.36	2018 年	22.85
2011 年	0.56	2019 年	36.25

从表 4-6 可以发现，该企业的经营活动现金流量净额在 2005 年、2008 年和 2012 年出现了负值，显得十分蹊跷，因为这些年份的前后年份的经营活动现金流量净额都为正数，而当年经营活动现金却大量流出，究竟发生了什么事呢？

调查发现，在 2012 年国务院发布了《缺陷汽车产品召回管理条例》，该企业召回了其推出的主打汽车产品。这个政策对该企业 2012 年的经营活动现金流量净额造成了较大影响，这才导致当年经营活动现金流量净额出现反复。

知识延伸｜了解现金流量表副表

企业管理者通常都比较了解现金流量表，然而却不怎么关注现金流量表的附表。附表主要是对现金流量表进行补充说明，管理者不可不读。

现金流量表附表主要包括3个部分，分别是将净利润调节为经营活动的现金流量、经营活动产生的现金流量净额以及现金及现金等价物净变动情况。

怎么确定最佳现金持有量

最佳现金持有量又称为最佳现金余额，指现金既满足生产经营的需要，又使现金使用的效率和效益最高时的现金最低持有量。意思是能够使现金管理的机会成本与转换成本之和保持最低的现金持有量。

确定企业最佳现金持有量的方法有多种，需要企业管理者掌握的方法有如下所示的一些。

- **成本分析模式：**是根据现金有关成本，分析预测其总成本最低时现金持有量的一种方法。运用成本分析模式确定最佳现金持有量时，只考虑因持有一定量的现金而产生的机会成本及短缺成本，而不予考虑管理费用和转换成本。持有现金发生的总成本一般呈现出曲线变化，当持有现金量达到某个点时，总成本最低。图 4-4 所示为该方法的模型分析图。

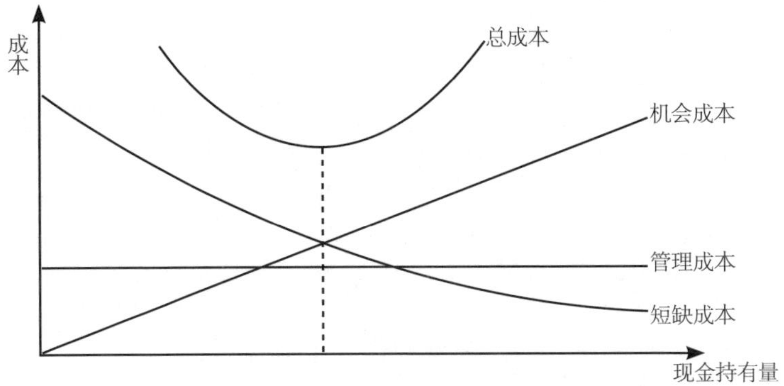

图 4-4　最佳现金持有量的成本模型分析图

- **存货分析模式**（鲍曼模型）**：**当公司持有现金量不是最佳状态时，

为了降低持有总成本，会将现金与有价证券进行转换，降低现金的持有成本或短缺成本。但在转换过程中又会发生交易成本，也会使现金持有总成本增加。此时可以利用“$C=\sqrt{(2T\times F)\div K}$”公式确定。$C$为最佳现金持有量，$T$为一个周期内现金总需求量，$F$为每次有价证券转换现金的成本，$K$为有价证券的利息率。

◆ **现金周转模式：**主要利用“现金周转期 = 存货周转期 + 应收账款周转期 − 应付账款周转期”“现金周转率 =360÷ 现金周转期”和“最佳现金持有量 = 年现金需求量 ÷ 现金周转率”这 3 个计算公式计算公司的最佳现金持有量。

◆ **随机模式：**利用随机模型确定的最佳现金持有量更符合公司生产经营的随机性，计算公式为“$Z=\sqrt[3]{3b\times \delta^2\div(4R)+L}$”。$Z$表示最佳现金持有量，$b$表示证券转换为现金或现金转换为证券的成本，$\delta$表示公司每日现金流变动的标准差，$R$表示以日为基础计算的现金机会成本率，$L$表示现金持有量的控制下限。如图 4–5 所示的是该模型分析图。

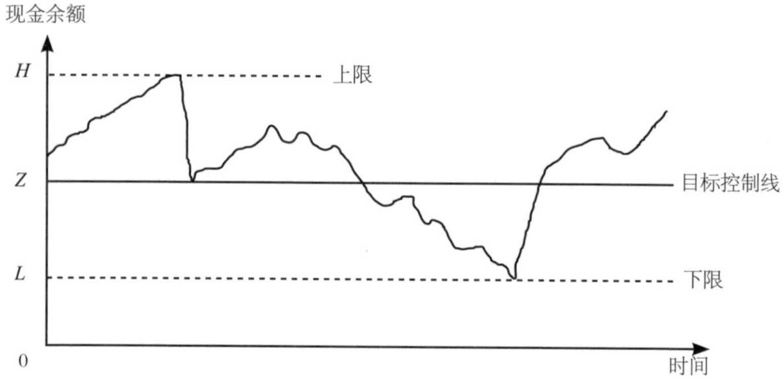

图 4–5　最佳现金持有量随机模型分析图

在企业的实际运营过程中，管理者需要根据企业的实际情况选择合适的方法确定现金最佳持有量。

下面通过具体的案例介绍最佳现金持有量的计算方法。

【案例 1】

如果企业管理者只掌握了企业持有不同量现金对应的管理成本、机会成本和短缺成本等数据，如表 4-7 所示，可直接用成本模型确定最佳现金持有量。

表 4-7　某企业成本数据和现金持有量

方　　案	方案一	方案二	方案三	方案四
现金持有量（元）	10 000.00	15 000.00	20 000.00	50 000.00
管理成本（元）	2 500.00	2 500.00	2 500.00	2 500.00
机会成本（元）	200.00	250.00	500.00	1 000.00
短缺成本（元）	3 000.00	2 450.00	1 000.00	800.00

方案一现金持有总成本 =2 500.00+200.00+3 000.00=5 700.00 元，同样的，方案二现金持有总成本为 5 200.00 元，方案三现金持有总成本为 4 000.00 元，方案四现金持有总成本为 4 300.00 元。由此，总经理可判断出公司的最佳现金持有量为 20 000.00 元。

【案例 2】

某建筑企业每月现金需求总量为 5 200 000.00 元，每次现金转换的成本为 1 000.00 元，持有现金的机会成本率约为 10%，则该企业的最佳现金持有量可以计算如下。

$$C=\sqrt{2\times 5\ 200\ 000.00\times 1\ 000.00\div 10\%}=322\ 490.31\text{（元）}$$

【案例 3】

如果企业管理者只知道企业的存货周转期为 90 天，应收账款周转期为 60 天，应付账款周转期为 50 天，预计全年需要现金量为 60.00 万元，则该企业的最佳现金持有量可以计算如下。

$C=60.00\div[360\div(90+60-50)]=16.67$（万元）

【案例 4】

如果某企业管理者能确定现金持有量的控制下限 L 为 2 000.00 元，同时能获取现金流量标准差 δ 为 3 000.00 元，有价证券的年利率为 9%，证券转换成本 b 为 150.00 元。则该企业的最佳现金持有量可以计算如下。

有价证券的日利率 $R=9\%\div360=0.000\,25$

$Z=\sqrt[3]{3\times150.00\times3\,000.00^2\div(4\times0.000\,25)}+2\,000.00=17\,939.88$（元）

组织财会人员定期清查库存现金

库存现金指存放于企业财会部门、由出纳人员经管的货币。企业在日常经营过程中，一些日常事务需要使用少量的资金，为了方便使用和管理，则会在企业内部存放一定量的库存现金。企业应当严格遵守国家有关现金管理的规定，严格进行现金的收支核算和保管。

（1）了解库存现金限额

库存现金限额指为保证各单位日常零星支付而按规定允许留存在企业内部的现金的最高数额。由开户行根据开户单位的实际需要和距离银行远近等情况核定，其限额一般按照单位 3 ～ 5 天日常零星开支所需现金确定。

此外，对于边远地区和交通不便地区的开户单位的库存现金限额，可按多于 5 天但不得超过 15 天的日常零星开支的需要确定。

库存现金限额的计算公式如下：

库存现金限额 = 前一个月的平均每天支付的数额 × 限定天数

需要注意的是，使用上述公式计算库存现金限额，前一个月的平均每天支付的数额不能包含企业每月应支付的平均工资数额，如果加上工资数额，会导致计算出的库存现金限额变大，与实际不符。

（2）定期清查库存现金

在企业的日常运营中，都是由企业财务人员负责管理库存现金。企业管理者需要做的就是定期组织财会人员对企业的库存现金进行清查，避免出现员工舞弊行为。

管理者对企业的库存现金进行清查，可以采用定期清查或不定期清查，相较于定期清查，不定期清查能够获得更加真实的情况。

清查库存现金的要点如图 4-6 所示。

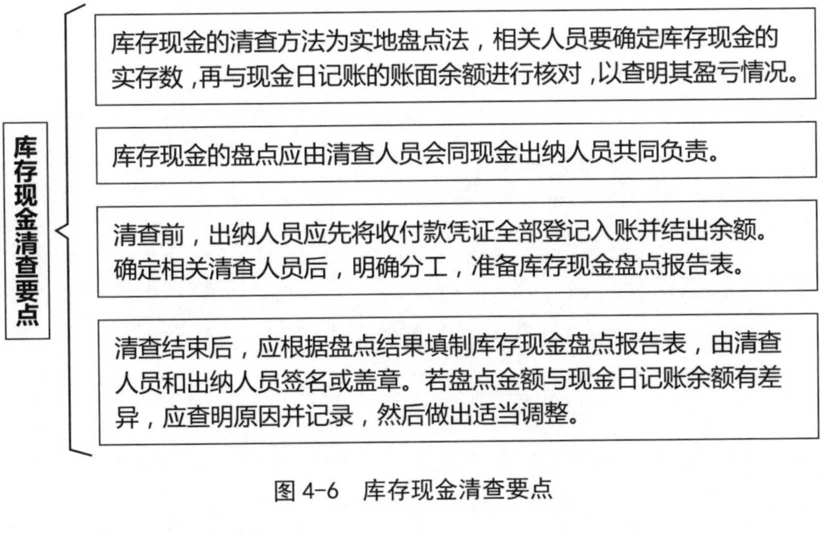

图 4-6 库存现金清查要点

在库存现金清查过程中需要填写库存现金盘点报告表，管理者需要了解该报告表的具体格式，如表 4-8 所示。

表 4-8　库存现金盘点报告表

<table>
<tr><td colspan="5">单位名称：　　　　　　　　　　　　　　年　　月　　日</td></tr>
<tr><td rowspan="2">实存金额</td><td rowspan="2">账存金额</td><td colspan="2">盈亏情况</td><td rowspan="2">备注</td></tr>
<tr><td>盘盈数</td><td>盘亏数</td></tr>
<tr><td></td><td></td><td></td><td></td><td rowspan="2"></td></tr>
<tr><td></td><td></td><td></td><td></td></tr>
<tr><td colspan="5">处理意见：</td></tr>
<tr><td colspan="5">主管：　　　　　　　　会计：　　　　　　　　出纳：</td></tr>
</table>

知识延伸 | 企业备用金管理

备用金是企业拨付给企业内部用款单位或职工个人作为零星开支的备用款项。管理者需要注意，备用金应指定专人负责管理，按照规定用途使用，不得转借给他人或挪作他用。

加强银行存款的管理

银行存款指储存在银行账户中的款项，是货币资金的组成部分。根据我国现金管理制度的规定，每一个企业都必须在中国人民银行或专业银行开立存款账户，办理存款、取款和转账结算等业务。

前面介绍了库存现金限额，企业在库存现金限额内可以保存少量的现金，超过限额的现金都必须存入银行。银行存款的收支业务由出纳员负责办理，每一笔银行存款收入和支出业务，都必须根据审核无误的原始凭证编制记账凭证。

总经理要加强银行存款管理，首先需要协同企业的财务人员制定银行存款管理制度，让相关工作人员能够按照规定操作；此外，需要定期组织相关人员对银行存款进行清查、对账。

银行存款的清查方法主要是核对账目，具体需要核对的内容如下。

- 银行存款日记账与总账的核对。
- 银行存款日记账与收付款凭证核对。
- 银行存款日记账与银行对账单核对。
- 总分类账和收付款凭证核对。

下面具体来看某企业的银行存款管理制度的部分内容。

第一章 总则

第一条 为规范单位的银行存款业务，防范因银行存款管理不规范给单位带来资金损失，确保单位资金的安全与有效使用，特制定本制度。

第二条 本制度适用于涉及银行存款业务的相关事项。

第三条 本制度中的银行存款指单位存放在银行或其他金融机构的全部货币资金。

第二章 银行账户管理规定

第四条 单位银行账户开户工作统一由财务室负责，日常管理由财务负责人指定专人负责管理。

第五条 单位银行账户应依据国家有关规定开立，并用于办理结算业务和现金收付，具体可设基本存款账户、专用账户。各账户功能如下所示。

1. 基本账户：办理单位日常转账结算与现金收付的账户，如日常经营活动的资金支付，工资、奖金等现金的支取等。

……

第三章 银行存款业务办理管理

第七条 财务人员、业务人员应严格审查收到的支票或银行汇票等票据的合法性，以免收进假票或无效票。

……

第十四条 单位与银行对账时发现错误的处理办法。

1. 记账错误的处理办法：查明原因进行处理、改正。

2. 收付款结算凭证在单位与银行之间传递需要时间，造成记账时间上的先后，即一方记账而另一方未记账。处理办法：编制银行存款余额表进行调节。

第十五条 财务负责人安排人员组成清查小组，不定期地审查单位银行存款余额与银行存款相关账目是否一致。

……

企业管理者制定了银行存款管理制度后，要按照制度要求，定期组织相关人员与有业务来往的银行进行对账。对账过程中管理者要起到监督的作用，确保账目准确。

第5章

细读所有者权益变动表和财务报表附注

企业资产负债表中包含了所有者权益的大致情况，而所有者权益变动表是一张反映构成所有者权益的各个部分变动情况的报表。企业管理者想要详细了解所有者权益，就需要了解所有者权益变动表和报表附注。

解读所有者权益变动表的构成

所有者权益变动表又被称为股东权益变动表，主要用来反映所有者权益的各个部分的变化情况。

在所有者权益变动表上，企业至少应当单独列示反映下列信息的项目。

◆ 净利润。

◆ 直接计入所有者权益的利得和损失项目及其总额。

◆ 会计政策变更和差错更正的累积影响金额。

◆ 所有者投入资本和向所有者分配利润等。

◆ 按照规定提取的盈余公积。

◆ 实收资本（或股本）、资本公积、盈余公积、未分配利润的期初和期末余额及其调节情况。

所有者权益变动表在内容上可以分为两个部分，横向左侧反映本年度所有者权益变动，右侧反映上一年度所有者权益的变动；纵向是各项目的列示。在所有者权益变动表中，具体信息以矩阵的形式列示，一方面，列示所有者权益变动的交易或事项，即所有者权益变动的来源，对一定时期所有者权益的变动情况进行全面反映。另一方面，按照所有者权益各组成部分（即实收资本、资本公积、其他综合收益、盈余公积、未分配利润和库存股）列示交易或事项对所有者权益各部分的影响。

在对所有者权益变动表的内容和结构有了一定了解后，下面来看所有者权益变动表的模板，如图 5-1 所示。

所有者权益变动表

会企04表

编制单位：　　　　　　　　年度　　　　　　　　金额单位：元

项目	本年金额												上年金额											
	实收资本（或股本）	其他权益工具			资本公积	减：库存股	其他综合收益	专项储备	盈余公积	未分配利润	所有者权益合计		实收资本（或股本）	其他权益工具			资本公积	减：库存股	其他综合收益	专项储备	盈余公积	未分配利润	所有者权益合计
		优先股	永续债	其他										优先股	永续债	其他							
一、上年年末余额																								
加：会计政策变更																								
前期差错更正																								
其他																								
二、本年年初余额																								
三、本期增减变动金额（减少以"-"号填列）																								
（一）综合收益总额																								
（二）所有者投入和减少资本																								
1.所有者投入的普通股																								
2.其他权益工具持有者投入资本																								
3.股份支付计入所有者权益的金额																								
4.其他																								
（三）利润分配																								
1.提取盈余公积																								
2.对所有者（或股东）的分配																								
3.其他																								
（四）所有者权益内部结转																								
1.资本公积转增资本（或股本）																								
2.盈余公积转增资本（或股本）																								
3.盈余公积弥补亏损																								
4.设定受益计划变动额结转留存收益																								
5.其他综合收益结转留存收益																								
6.其他																								
四、本年年末余额																								

图 5-1　所有者权益变动表模板

从图 5-1 可以发现，横坐标中主要有 8 个内容指标，分别是实收资本（或股本）、其他权益工具、资本公积、库存股、其他综合收益、专项储备、盈余公积和未分配利润；纵坐标为若干个变化的项目指标，横纵坐标的交叉点就揭示了纵坐标对应的 8 个指标的变动情况。

此外，由于所有者权益的增加或减少不会对盈余公积和未分配利润产生影响，所以存在对应单元格无数据的情况。

所有者权益变动表可帮助企业管理者进一步了解企业所有者权益的状况和变动情况。

有些利得或损失无法在利润表中进行列示，只能在资产负债表中的所有者权益中进行确认，此时通过所有者权益变动表，即可对这些利得或损失的变动情况进行具体展示。

从所有者权益变动表能读到企业哪些信息

企业管理者想要了解所有者权益变动表，需要先了解所有者权益的具体内容。所有者权益主要反映所有者投入资本的保值、增值情况。

（1）所有者权益的组成

所有者权益的来源主要包括所有者投入的资本、留存收益和直接计入所有者权益的利得和损失。

◆ 所有者投入资本

所有者投入资本主要包括实收资本和资本公积。

实收资本。指企业实际收到的投资人投入的资本。按投资主体可分为国家资本、集体资本、法人资本、个人资本和外商资本等。

资本公积。主要指投资资本超过注册资本部分的金额，即资本溢价，它属于全体股东所有，企业管理层无权进行处置。企业可以将资本公积转增注册资本，但必须经过股东会决议，管理层无权决定。若资本公积为负数，则不能转入注册资本。

◆ 留存收益

留存收益主要包括盈余公积和未分配利润。

盈余公积。法定盈余公积是需要按照税后利润的 10% 进行提取，累积额达到注册资本的 50% 时不再提取；任意盈余公积主要是上市公司按照股东大会的决议提取。

未分配利润。指企业实现的净利润经过弥补亏损、提取盈余公积和向投资者分配利润后留存在企业内部的、历年结存的利润。

◆ 直接计入所有者权益的利得和损失

直接计入所有者权益的利得和损失指企业根据会计准则的规定未在当期损益中确认的各项利得和损失。

（2）从所有者权益变动表中获取的信息

所有者权益变动表中主要记录了企业的所有者权益变动情况，企业管理者要能够从所有者权益变动表中了解一些潜在信息，从而帮助自己进行经营决策。具体介绍如图 5–2 所示。

从所有者权益变动表中读到的信息

- 所有者权益变动表在一定程度上体现企业的综合收益情况，除列示直接计入所有者权益的利得和损失外，同时包含最终属于所有者权益变动的净利润，即构成了企业的综合收益。
- 综合收益通常比净收益更能帮助企业管理者准确、及时地预测企业的未来现金流，也增进了财务报表关于企业财务业绩信息的完整性和有用性，减少了企业进行盈余管理、利润操纵的空间，保证了资本市场的健康发展。
- 在所有者权益变动表中，不仅反映了企业当期实现的净利润，而且详细地描述了直接计入所有者权益的利得和损失的内容。
- 企业管理者可以通过所有者权益变动表，全面了解企业的收益。报表使用者通过所有者权益变动表，不仅能够了解企业所有者权益总量及其增减变动情况，还可以了解所有者权益增减变动的重要结构性信息。

图 5-2　从所有者权益变动表中读到的信息

实收资本、资本公积、盈余公积的变动

所有者权益与企业投资者的利益息息相关，它表达的是投资者可以获得的收益情况。对企业管理者而言，通过所有者权益的变动情况了解投资者的出资情况和企业的盈利情况，所以应当引起管理者的重视。

（1）实收资本变动

实收资本的变动主要有实收资本减少和实收资本增多两种情况，企业实收资本减少或增多都有其对应的原因，管理者需要了解。

首先来看实收资本减少，它通常出现在企业发展的后期，有投资者的原因，也有企业自身的原因，具体介绍如表 5-1 所示。

表 5-1　企业实收资本减少的具体原因

原　　因	具体介绍
发生重大亏损	企业出现重大亏损，投资者不再相信企业的盈利能力，为防止自身利益受损，会将资金撤出企业，导致企业实收资本减少
资本过剩需减少资本	说明企业经营规模下降，出现经营亏损，实质是无法有效使用实收资本，使资金成本上升，造成资金浪费，需要降低企业实收资本
回购股份	股份公司发展到一定时期，资本结构需发生改变，这时可能通过股票回购的方式来减少公司实收资本，达到调节资本结构的目的

从表 5-1 内容可以看出，企业实收资本减少可能是因为企业经营出现亏损，股东撤资，还可能是因为企业正在进行资本结构调整。因此当企业实收资本下降时，管理者要及时了解原因，做出应对。

知识延伸｜什么是资本过剩

资本过剩指利润率下降或利润率较低而引起的、已经不能按一般利润率进行增殖的多余资本。也就是说，企业的实收资本中有一部分不能产生实际收益，这部分钱的状态就是资本过剩。

实收资本不止会减少，同样也会增加。实收资本的增加往往发生在企业发展的前中期，这个阶段中企业的经营能力较强，投资者通常对企业充满信心，因此愿意向企业投资。除了这种情况外，还有以下两种情况会导致企业实收资本增加。

◆ 将资本公积转为实收资本。

◆ 将盈余公积转为实收资本。

通常情况下，企业不会轻易将资本公积或盈余公积转增实收资本，除非企业实收资本过少，影响企业发展。因此，企业实收资本增加并不一定都是好事，也有可能是企业资金出现问题而需要增加实收资本。

除国家另有规定外，企业的实收资本应当与注册资本一致。企业实收资本比原注册资本数额增减超过 20% 时，应持资金使用证明或验资证明，向原登记主管机关申请变更登记。

（2）资本公积变动

资本公积主要包括资本溢价、利得和损失，为了避免虚增净资产，误导决策，就有必要明确资本公积的主要来源，如表 5-2 所示。

表 5-2　资本公积的主要来源

分　类	来　源	具体介绍
可直接用于转增资本	资本溢价	指企业投资者投入的资金超过其在注册资本中所占份额的部分
	接受现金捐赠	指企业因接受现金捐赠而使企业资本增加的资本公积
	拨款转入	指企业收到国家拨入的专门用于技术改造、技术研究等的拨款项目完成后，按规定转入资本公积的部分
	外币资本折算差额	指企业接受外币投资因所采用的汇率不同而产生的资本折算差额
不可用于转增资本	接受捐赠非现金资产准备	指企业接受的非现金形式资产捐赠而增加的资本公积，这部分要缴纳企业所得税
	关联交易差价	指上市公司与关联方之间显失公允的关联交易所形成的差价
	股权投资准备	指企业对被投资单位的长期股权投资采用权益法核算时，因被投资单位接受捐赠等原因增加的资本公积。只有将其转入其他资本公积后，该部分资本公积方可用于转增资本

从前述两个表中的内容，可以发现企业资本公积减少或增加的原因，具

体介绍如下。

- ◆ 投资者向企业投资导致投资资产超过注册资本总额，超过部分会导致资本公积增加；投资者从企业撤资，导致注册资本减少，甚至出现投资资金少于资本公积。
- ◆ 国家鼓励企业发展或鼓励某项技术，从而向企业拨款，项目完成后，拨款会计入资本公积；当企业发展到一定程度或技术发展一段时间后，国家将不再拨款支持，会导致资本公积减少。
- ◆ 企业接受外币投资，当外币汇率增加，会导致实收资本增加，资本公积增加；当外币汇率下降，实收资本减少，资本公积减少。
- ◆ 企业获得外界的捐赠，可能导致资本公积增加；当外界停止对企业捐赠，可能导致企业资本公积减少。
- ◆ 企业投资其他企业，其他企业的资本公积增加，相应的，企业也会获得资本收益，会使资本公积增加；如果企业投资的企业其资本公积减少，企业获得的收益也会减少。

管理者需要注意，如果企业资本公积变动不能得到正确处理，可能会影响所有者权益。因此，管理者要随时注意企业资本公积的变动情况，通过分析资本公积增减的原因，制定对应的提高或降低资本公积数额的对策。

（3）盈余公积的变动

盈余公积的变动较为被动，因为其是从税后利润进行提取的（10%），所以税后利润对盈余公积影响较大，利润越多，提取的盈余公积越多。

此外，如果企业在前期经营过程中存在亏损，则提取盈余公积前需要先弥补亏损，然后才能计提盈余公积。

下面通过具体的案例来看盈余公积的计提。

某企业是一家稳步运营的建筑企业，该企业的财务制度较为完善，2017—

2019 年的税后利润数据、资本公积数据和未分配利润数据如表 5-3 所示。

表 5-3　该企业的盈余公积相关数据

项　　目	2017 年	2018 年	2019 年
税后利润（万元）	52.00	60.00	60.00
盈余公积（万元）	0	5.20	6.00
未分配利润（万元）	0	46.80	54.00

由于该企业在 2016 年出现 60.00 万元的亏损，2017 年的税后利润首先需要弥补亏损，然后再计提盈余公积，然而 2017 年的税后利润不足以弥补亏损，因此就不存在计提盈余公积。

2018 年该企业盈利 60.00 万元，首先需要弥补 2016 年剩下的未弥补的 8.00 万元亏损，剩下的 52.00 万元按照 10% 计提盈余公积为 5.20 万元，即完成了亏损的弥补和盈余公积的计提。

到 2019 年，企业收入较为平均，则可以直接在税后利润的基础上按 10% 计提盈余公积，为 6.00 万元。

由上述案例可以发现，虽然都是按照 10% 计提盈余公积，但是企业的盈利情况、亏损情况等都会影响盈余公积的计提，只会涉及当期的利润总额或净资产，与上期的未分配利润无关。

除此之外，管理者还需要注意的问题是，法定盈余公积累积额达到注册资本的 50% 以后，可以不再提取盈余公积。如果上述案例中企业的注册资本为 800.00 万元，则当企业提取的盈余公积达到 400.00 万元时，则以后年份可不用再提取盈余公积。

盈余公积转增为实收资本也会导致盈余公积减少，转增过程要按股东原有持股比例结转，且转增后剩余的盈余公积的数额不得少于注册资本的 25%。

解读财务报表附注的构成

财务报表附注旨在帮助财务报表使用者深入了解基本财务报表的内容，由财务报表编制者对资产负债表、损益表和现金流量表等有关内容和项目所作的说明和解释。

根据相关规定，财务报表附注应当按照以下顺序进行披露。

（1）应当披露的常规信息

这部分主要指企业应当至少披露的信息，主要包括 6 点，具体介绍如表 5-4 所示。

表 5-4　企业应当披露的信息

信　　息	具体介绍
企业的基本情况	1. 企业注册地、组织形式和总部地址 2. 企业的业务性质和主要经营活动，如企业所处的行业、所提供的主要产品或服务、客户的性质、销售策略、监管环境的性质等 3. 母公司以及集团最终控制方的名称 4. 财务报告的批准报出者和财务报告批准报出日等
财务报表的编制基础	主要需要说明财务报表是在什么基础上进行编制的，遵循了什么样的编制原则
遵循企业会计准则的声明	企业应当声明编制的财务报表符合企业会计准则的要求，真实、完整地反映了企业的财务状况、经营成果和现金流量等有关信息。以此明确企业编制财务报表所依据的制度基础
重要会计政策和会计估计	重要会计政策的说明，包括财务报表项目的计量基础和在运用会计政策过程中所做的重要判断等。重要会计估计的说明包括可能导致下一个会计期间内资产、负债账面价值重大调整的会计估计的确定依据等 根据财务报表列报准则的规定，企业应当披露采用的重要会计政策和会计估计，不重要的会计政策和会计估计可以不披露

续表

信　　息	具体介绍
会计政策和会计估计变更以及差错更正的说明	企业应当按照《企业会计准则第 28 号——会计政策、会计估计变更和差错更正》及其应用指南的规定，披露会计政策和会计估计变更以及差错更正的有关情况
报表重要项目的说明	企业应当以文字和数字描述相结合，尽可能以列表形式披露报表重要项目的构成或当期增减变动情况，并且报表重要项目的明细金额合计应当与报表项目金额相衔接 在披露顺序上，一般应当按照资产负债表、利润表、现金流量表、所有者权益变动表的顺序及其项目列示的顺序进行披露

（2）关于其他综合收益

企业应当在报表中对下列关于其他综合收益各项目的信息进行披露。

- 其他综合收益各项目及其所得税影响。
- 其他综合收益各项目原计入其他综合收益、当期转出计入当期损益的金额。
- 其他综合收益各项目的期初和期末余额及其调节情况。

企业应当在附注中披露终止经营的收入、费用、利润总额、所得税费用和净利润，以及归属于母公司的所有者的终止经营利润。

终止经营指企业满足一定条件的已被处置或被划归为持有待售的、在经营和编制财务报表时能够单独区分的组成部分，该组成部分按照企业计划将整体或部分进行处置。

（3）关于股利分配政策

企业应当在附注中披露在资产负债表日后、财务报告批准报出日前提议或宣布发放的股利总额和每股股利金额（或向投资者分配的利润总额）。

财务报表附注在财务分析中的作用

财务报表中列示的数据，如果不进行分析，其包含的意义就不大。通过财务分析将大量的会计数据转换成对特定决策者有用的信息，减少决策的不确定性。财务会计报告由会计报表、会计报表附注和财务情况说明书组成。

在实际操作中，很多企业管理者进行报表分析，只重视定量分析，不重视定性分析；只关注会计报表，而对于会计报表附注的分析则重视不足。这对于企业的管理者来说是不应该的。

（1）对偿债能力分析的影响

要分析附注对偿债能力的影响，就需要先了解什么是或有负债，然后再分析或有负债产生的影响。

或有负债指过去的交易或事项形成的潜在义务，其存在须通过未来不确定事项的发生或不发生予以证实；或指过去的交易或事项形成的现时义务，履行该义务不是很可能导致经济利益流出企业或该义务的金额不能可靠地计量。企业会计准则中的或有事项准则规定，只有同时满足如下 3 个条件才能将或有事项确认为预计负债，列示在资产负债表中。

- ◆ 该义务是企业承担的现时义务。
- ◆ 该义务的履行很可能导致经济利益流出企业。
- ◆ 该义务的金额能够可靠地计量。

由于或有负债的存在，资产负债表确认的负债并不一定完整反映了企业的负债总额。所以企业偿债能力分析应该结合会计报表附注，如果存在或有负债，显然会减弱企业流动资产的变现能力；如果存在未做披露的或有负债，更会令偿债能力指标的准确性大打折扣。

（2）对营运能力分析的影响

资产营运能力分析比率是用来衡量公司在资产营运方面的效率的财务比率。资产营运能力分析比率包括营业周期和应收账款周转率等。其计算公式如下：

营业周期 = 存货周转天数 + 应收账款周转天数

应收账款周转率 = 主营业务收入净额 ÷ 应收账款平均余额

其中应收账款平均余额指未扣除坏账准备的应收账款平均余额，即资产负债表中“应收账款年初余额”与“应收账款年末余额”的平均数。

主营业务收入净额指损益表中主营业务收入扣除销售折扣和折让后的销售净额。由于收入确认是一项重要的会计政策，因而本指标的分析不可避免地要参考会计报表附注。

（3）对盈利能力分析的影响

盈利能力分析比率包括主营业务利润率、销售净利率、销售毛利率、主营业务净利率、营业利润率、总资产报酬率和净资产收益率等。这些指标的计算公式中分子都是与利润相关的项目，因此影响利润的因素就是影响盈利能力的因素。

一般情况下，分析企业的盈利能力只涉及正常的营业状况，而非常规的营业状况同样会给企业带来收益或损失，但这只是特殊状况下的个别结果，不能说明企业的盈利能力。因此在分析企业盈利能力时，应当排除非常规业务的影响，主要包括以下 4 点。

◆ 证券买卖等非常项目。

◆ 已经或将要停止的营业项目。

◆ 重大事故或法律更改等特别项目。

◆ 会计准则和财务制度变更带来的累积影响等因素。

这 4 个项目都需要从会计报表附注中获得资料。除此之外，影响企业利润的因素还有存货流转假设、计提的损失准备、长期投资核算方法、固定资产折旧方法以及收入确认方法等。

财务报表附注的优点与局限

财务报表的附注虽然有助于管理者进行报表分析，但它也存在缺点和局限性，本节就对其优点和局限性作详细说明。

（1）财务报表的优点

财务报表附注是财务报表的重要组成部分，是对报表本身无法或难以充分表达的内容和项目所作的补充说明和详细解释。财务报表附注的优点如下所示。

拓展了企业财务信息内容。财务报表附注拓展了企业财务信息的内容，打破了财务报表内容必须符合会计要素的定义，又必须同时满足相关性和可靠性的编制原则。

突破了揭示项目必须用货币加以计量的局限性。财务会计报表中数据的核算必须以货币计量，计量出会计项目的各个数额。而财务报表附注中对会计项目采用文字及表格的形式进行阐述，帮助我们在财务分析过程中更好地理解相关会计项目，更有助于分析企业的变现能力、偿债能力和盈利能力等。

为管理者做决策提供帮助。它充分满足了企业财务报告是为其使用者提供有助于经济决策的信息要求，增进了会计信息的可理解性。财务报表附注可以使管理者获取企业更多的信息，提高对企业财务信息的理解程度，保证其决策的可靠性。

提高会计信息的可比性。比如，通过揭示会计政策的变更原因及事后的影响，可以使不同行业或同一行业不同企业的会计信息的差异更具可比性，从而便于各个项目进行对比分析。

会计报表附注作为会计报表正文信息的补充说明，它提供与会计报表所反映的信息相关的其他财务信息，使财务报表使用者通过阅读会计报表及其相关的附注，获取更充分的与决策有关的信息。

企业管理者和领导通过对会计报表附注的阅读和分析，可以充分地了解企业的基本会计假设、会计政策和会计估计变更、与关联方的关系及其交易等财务报表中无法反映，却对财务分析非常重要的内容。

（2）财务报表附注的局限性

虽然财务报表附注能够帮助企业管理者更好地理解报表数据，增强了财务信息的可比性和充分性，但就目前国内企业对外报出的附注资料来看，财务报表附注本身还存在很多问题，需要进一步完善，具体表现在如表 5–5 所示的几点。

表 5–5　财务报表附注存在的问题

存在的问题	具体介绍
附注信息披露不充分	要想附注信息能够充分发挥作用，就需要保障辅助信息披露的充分性。在实际操作中，许多企业的附注披露的很多重要信息并不令人满意，有的甚至避重就轻。比如对关联方交易的披露，有的企业删繁就简，有意回避，少披露甚至不披露。这样就很容易造成信息不对称，从而影响企业管理者做出正确的经营决策

续表

存在的问题	具体介绍
附注内容滞后	报表附注存在滞后性，因为企业高级管理层及会计人员的素质有待提高，或有事项发生当时他们未能正确理解附注应披露哪些内容，或者有的企业甚至故意使内容滞后，比如或有事项、提供担保等需要及时公布的企业信息。滞后内容有可能会影响报表使用者对企业的评价，故意延迟时则是对报表使用者的一种欺骗
存在虚假信息	对于附注中存在的虚假信息，一方面局外人是很难发现的，他们对企业内部情况不了解，所以基本无从判断信息的真实性，也没有途径去考察信息的真实性。另一方面管理者如果参考了虚假的信息，就有可能做出错误的决策，甚至给企业造成较大损失
附注内容中缺少相关部门的监督和评价	任何企业都不是孤立地存在于社会中的，其不可避免地会与政府职能部门如工商、税务、银行、质检等部门有密切关联，而目前企业对外报出的附注资料几乎没有涉及这些部门如何评价企业的内容。如果能把国家监督机构对企业在经营状况、产品质量、信用等级和纳税情况等方面的评价也展示给报表使用者看，可能比企业自夸更有说服力和可信度

下面通过具体的案例来看某企业披露虚假信息和遗漏报表附注最终给企业造成的较大损失。

某企业在发布年度财务会计报告时出现问题，存在以下违规行为。

（1）虚增利润：该企业在 2019 年年度报告中公开披露的 2019 年度利润总额为 61 325 620.33 元。但该企业在 2019 年通过费用资本化、少提资产减值准备、不当确认投资收益等方式，虚增该年度利润总额共计 35 601 543.20 元。

（2）重大遗漏：该企业在 2019 年年度报告的会计报表附注中没有披露 2019 年期末存货可变现净值的确定依据。此项遗漏违反《企业会计制度》关于会计报表附注披露的规定，属于原《中华人民共和国证券法》规定的所披露的信息有“重大遗漏”。

最后经过调查，对该企业做出处理决定。处理结果：证监会下达行政处罚通知书，责令该企业改正虚假陈述行为，并处以30.00万元的罚款；对上述违法行为的直接负责的主管人员，包括董事长、总经理和公司副总经理、财务负责人分别给予警告并各处以20.00万元的罚款；对上述违法行为的其他直接责任人员分别给予警告。

通过上述案例可以得知，财务报表附注出现问题时可能会给企业造成较大的损失，因此财务报表附注也应当引起企业管理者的注意，要建立内审制度并使其发挥应有的监督功能，还需要对相关人员加强法律教育，避免出现类似事故。

管理者应该怎样读懂财务报表附注

在对报表附注的相关知识有了详细了解后，管理者在面对一份报表附注时，具体应当如何处理呢？从报表附注中获取哪些信息更有利于了解和分析企业业务？

（1）读懂报表附注大纲

报表附注大纲就是报表附注的纲要，相当于一本书的目录，通过大纲可以了解报表附注的大致内容，提供了哪些信息。管理者要想读懂报表附注，首先应当看懂报表附注大纲。附注大纲的内容一般包括以下内容。

①企业基本情况介绍，包括企业的名称、成立时间、注册资本以及营业范围等。

②重要会计政策和会计估计的说明。

③财务报表重要事项说明。

④其他重大会计事项说明等。

下面对附注大纲内容进行具体介绍，如图 5-3 所示。

附注大纲内容的具体介绍

- 附注大纲中的企业基本情况，包括企业是何时成立的、企业的注册资本是多少、企业的经营范围是什么等这些重要的信息。
- 会计政策和会计估计的说明，主要指企业的会计准则、会计各项目的核算依据与计价原则采用的是哪种等信息，这是企业财务核算的重要依据。
- 财务报表附注中列示的重要报表项目，一般对应报表项目的发生额。所以，通过这部分附注内容也能反映出企业的主要业务发生在什么地方、具体发生情况等。
- 其他重大事项说明是企业应该进行披露的其他重要事项，比如股权的变更等。

图 5-3　附注大纲内容的具体介绍

（2）看懂附注主体

财务报表附注的主体部分一般包括企业的会计政策、会计估计和财务报表重要项目说明，应当如何看懂附注主体呢？

对于会计政策和会计估计的说明，可以从文字说明上去理解相关政策和会计估计说明。比如在实践过程中，会计准则可以是企业会计准则，也可以是小企业会计准则，这是首先需要了解的事项，也是财务报表附注中会计政策方面首先需要披露的内容。

此外，管理者还可以从主体内容中了解企业的固定资产和存货等采用何种方式计价，以什么方法折旧和核算存货成本的方法，以及企业的税负税率情况如何。

财务报表附注的重要报表项目是重点阅读对象，结合企业财务报表，对财务报表附注中列示的财务报表重要项目进行一一解读。

（3）看懂报表附注的补充说明

报表附注补充说明部分是对其他事项进行解释说明的内容，如关联交易事项和股权变更等。财务报表附注的补充说明虽然在整个财务报表附注中篇幅较少，却能使管理者更全面地了解企业经营状况。

报表使用者通常无法从报表中直接发现企业是否存在关联交易，但在财务报表附注中会对其进行详细披露，管理者可以借此了解企业是否存在关联交易以及关联交易的具体情况。

企业股权变更是企业内部可能发生的事项，股权从一个股东转到另一个股东手中，这些事项在财务报表上并不会体现出来，但财务报表附注必须对此事项的发生进行披露，这样有助于报表使用者读懂企业在当期的股权变更具体事宜。

第6章

做好企业的全面预算管理可防止透支

企业在经营过程中有可能出现支出过大或者支出不合理的情况，而企业的管理者要想解决这些问题，就需要组织相关人员做好预算工作，对各项开支进行严格规范，对企业的收支情况做到心中有数，才能有效避免企业资金透支。

全面预算到底预算什么

全面预算指企业以发展战略为导向，在对未来经营环境进行预测的基础上，确定预算期内经营管理目标，逐层分解、下达到企业内部各个经济单位，并以价值形式反映企业生产经营和财务活动的计划安排。

全面预算的特点主要可以分为3个方面，总结起来就是“三全”，即全方位、全过程、全员参与编制与实施的预算管理模式。

- **全方位：**即企业的预算要是全方位的，企业的全部经济活动都应当纳入预算体系，这样才能体现全面预算。
- **全过程：**主要指企业的各项经济活动的全部过程都应当纳入预算管理，这样才能够使预算结果更准确。
- **全员参与：**要使预算能够更加准确，则需要企业的各部门、各单位、各岗位以及各级人员共同参与预算的编制和实施。

对于企业而言，不同时期可能需要进行不同的全面预算，不同的预算内容也会产生不同的预算方案。因此，管理者还需要了解全面预算具体有哪些类别，如表6-1所示。

表6-1　全面预算的分类

分类标准	具体介绍
涉及的预算期长短	①长期预算（如长期销售预算和资本预算，有时还包括长期资本筹措预算和研究与开发预算） ②短期预算（如直接材料预算、现金预算等）
涉及的内容	①专门预算（如直接材料预算、制造费用预算等） ②综合预算（如资产负债表预算和利润表预算等）

续表

分类标准	具体介绍
涉及的业务活动领域	①投资预算（如资本预算） ②营业预算（或称经营预算，包括销售预算、生产预算、成本预算等） ③财务预算（包括利润表预算、现金预算和资产负债表预算等）

通过表 6-1 内容可以对全面预算的种类有一定了解，通常完整的全面预算包括经营预算、专项预算和财务预算 3 个组成部分。下面具体介绍经营预算的相关预算项目。

◆ 直接材料预算和直接人工预算

直接材料预算是反映预算期直接材料需用量和采购量的预算，该工作的大部分内容归为生产预算，由生产部门实施。而其中属于财务预算的部分只是汇总生产部门提交的直接人工预算数据，最终得出预算结果。

直接人工预算是根据生产预算中的预计生产量、标准单位或金额所确定的直接人工工时、小时工资率进行编制的。直接人工预算可以反映预算期内人工工时的消耗水平和人工成本。

◆ 制造费用预算

制造费用预算是对除直接材料、直接人工以外的其他一切生产费用的预算，它分变动成本和固定成本两大部分。主要工作由生产部门实施，财务部门只负责对提交的制造费用预算数据进行汇总，得出预算结果。

◆ 管理费用预算

管理费用预算指企事业单位为一般管理费用支出而做的成本预算。一般事先做好计划，然后严格按预算执行，如果有超出，则需要经过特别流程进行审批。事后对预算和执行情况进行对比研究和分析，为下一预算期的预算工作提供科学依据。

◆ 财务费用预算

财务费用预算指预算期内因筹集生产经营所需资金而发生的费用计划。该预算应按照预算期的借款计划、预计现金流量表外币存贷款情况和发行的债券等计算出应发生的费用，据以编制。

由于财务费用的发生主要与企业存、贷款数额和利率变动直接有关。在利率较平稳的情况下只要企业生产和销售规模不变，预算期财务费用与上年度应基本一致。因此，可在上年度财务费用开支数的基础之上，按预算期可预见的变化进行调整，得出预算数。

若无上年度预算数（或实际开支数）参考的企业，可按下列公式计算。

$$\text{预计财务费用}=\sum\text{每次借款额}\times\text{每次借款期限}\times\text{每次借款利率}-4\times\text{每季度平均银行存款累积计息积数}\times\text{存款利率}$$

这部分预算内容通常难以估计，因为涉及企业的信贷规模，因此需要先进行信贷预算和专门决策预算，最后在此预算基础上进行财务费用预算。

◆ 销售费用预算

销售费用预算，指为了开展销售活动、实现销售目标所需支付的费用预算。它以销售预算为基础，要分析销售收入、销售利润和销售费用的关系，力求实现销售费用的最有效使用。

销售费用预算可以分为变动性销售费用预算和固定性销售费用预算。变动性销售费用预算就是为了实现产品的销售量所需支付的不确定的销售费用的预算，它要以预计的销售量为基础，分费用项目进行确定。固定性销售费用预算就是在销售产品过程中确定会发生的销售费用的预算。

预计三大财务报表数据

财务报表是管理者了解企业经营情况的重要工具，在进行预算管理时，可以对这三大报表（利润表、资产负债表和现金流量表）进行数据预算，帮助进行全面预算。

（1）预计利润表

预计利润表指以货币形式综合反映预算期内企业经营活动成果计划水平的一种财务预算。该预算需要在销售预算、产品成本预算、应交税金及附加预算、制造费用预算、销售费用预算、管理费用预算和财务费用预算等日常业务预算的基础上编制。

管理者需要注意，预计利润表是按照变动成本法编制的，涉及计算公式如下：

生产阶段边际贡献 = 销售收入 − 变动销售成本 − 销售税金及附加

销售阶段边际贡献 = 生产阶段边际贡献 − 变动性销售费用

利润总额 = 销售阶段边际贡献 − 固定制造费用 −

固定销售费用 − 管理费用 − 财务费用

净利润 = 利润总额 − 所得税

下面通过具体的案例来看预计利润表的相关计算。

某公司所在地的城建税税率为 5%，教育附加费率为 3%，地方教育附加费率为 2%。预算年度的销售收入预算为 150.00 万元，销售成本预算为 70.63 万元。

其中，固定成本（即固定制造费用，包括管理人员工资、基本办公费用、折旧、劳动保护费等）10.38 万元。增值税销项税款预算为 23.16 万元，增值税进项税额预算为 7.93 万元；预计没有其他业务收入和支出；预算年度的管理费用为 20.54 万元，销售费用为 35.75 万元，其中变动销售费用为 15.78 万元，财务费用为 0.86 万元。

变动销售成本预算 = 销售成本预算 − 固定成本 =70.63−10.38=60.25（万元）

销售税金及附加预算 =（增值税销项税额 − 增值税进项税额）× 城建税和教育附加费率之和 =（23.16−7.93）×（5%+3%+2%）=1.52（万元）

生产阶段边际贡献预算 =150.00−60.25−1.52=88.23（万元）

销售阶段边际贡献预算 =88.23−15.78=72.45（万元）

固定销售费用 =35.75−15.78=19.97（万元）

利润总额预算 =72.45−10.38−19.97−20.54−0.86=20.70（万元）

所得税预算 = 利润总额预算 × 所得税税率 =20.70×25%=5.18（万元）

净利润预算 = 利润总额预算 − 所得税预算 =20.70−5.18=15.52（万元）

知识延伸｜附加税费的税率和费率介绍

城市维护建设税税率具体实行分区域的差别比例税率，纳税人所在地在市区的，税率为7%；纳税人所在地在县城、镇的税率为5%；纳税人所在地不在市区、县城、县辖镇的，税率为1%。

教育费附加按3%的费率征收；地方教育附加2%的费率征收。

（2）预计资产负债表

预计资产负债表是依据当前的实际资产负债表和全面预算中的其他预算所提供的资料编制而成的总括性预算表格，可以反映企业预算期末的财务状况。预计资产负债表主要用于判断预算期内的财务状况的稳定性和流动性。

如果通过预计资产负债表的分析，发现某些财务比率不佳，必要时可修改有关预算，以改善财务状况。具体步骤如图 6-1 所示。

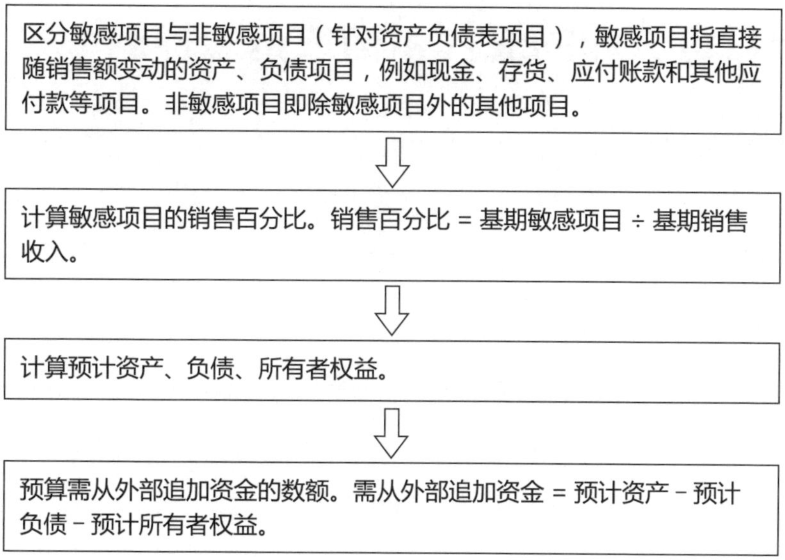

图 6-1　预计资产负债表的流程

（3）预计现金流量表

预计现金流量表是对企业一定期间现金流入与现金流出情况的一种财务预算。该预算以业务预算、资本预算和筹资预算为基础，是其他预算有关现金的汇总，是企业能够持续经营的保障。

预计现金流量表的编制可以弥补编制现金预算的不足，有利于了解计划期内企业的资金流转状况和企业经营能力，而且能突出表现一些长期的资金筹集与使用的方案对计划期内企业经营的影响。

管理者需要注意，预计现金流量表与现金流量表的格式基本相同，存在差异的地方是预计现金流量表中的数据为预算数据。

全面预算管理的流程和构成是怎样的

全面预算管理指利用预算对企业内部各部门、各单位的各种财务及非财务资源进行分配、考核、控制，以便有效地组织和协调企业的生产经营活动，完成既定的经营目标。预算管理较为复杂，企业管理者应当重视该工作。

（1）预算管理的起点

预算的主要作用是对各种财务和非财务资源进行分配、考核和控制，从而对企业战略目标提供支撑。如图 6–2 所示为组织预算工作的流程，企业的战略转换为经营计划是在预算目标确定阶段。

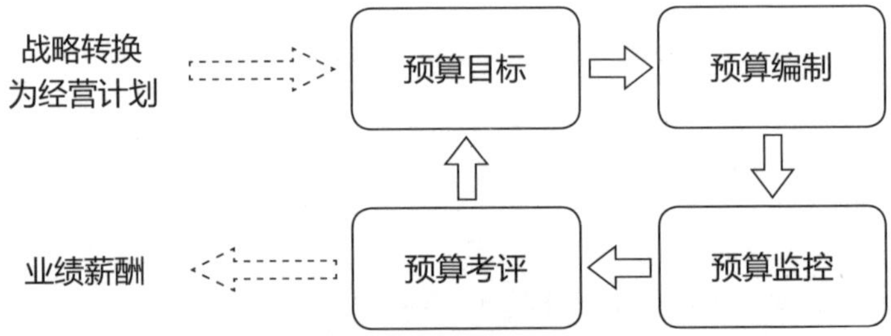

图 6–2　组织预算工作的流程

由此可以看出，预算管理的起点就是需要明确企业战略目标。一般来说，确定战略目标需要经历调查研究、拟定目标、评价论证和目标决断 4 个步骤。

步骤 1——调查研究。在制定战略目标之前，必须进行调查研究工作，包括对已经完成的调查研究成果进行复核、整理，深入研究机会与威胁、长处与短处等。调查研究要全面，但又要突出重点，为确定战略目标奠定可靠的基础。

步骤 2——拟定目标。拟定战略目标一般需要经历两个环节：拟定目标方向和拟定目标水平。在目标确定的过程中，在满足实际需要的前提下，要尽可能减少目标的个数，可以将目标进行合并、归纳。

步骤 3——评价论证。初步目标拟定出来之后，要组织多方面的专家和人员对方案进行评价和论证。主要需要论证和评价战略目标方向的正确性、战略目标的可行性、所拟目标的完善化程度等。评价完善程度主要包括目标是否明确、目标内容是否协调一致以及目标内容是否最优。

步骤 4——目标决断。在最终确定目标时，主要从目标方向的正确程度、目标的可实现程度和目标期望效益 3 个方面进行考虑。同时，目标决断还必须掌握好时机。

从调查研究、拟定初步目标、目标评价与论证到目标决断，确定战略目标的 4 个步骤是紧密联系的，后者的工作要依赖于前一步的成果，各个步骤层层递进，任何一个步骤出现问题或新情况，都需要回到前一步骤，进行重新考量。

（2）全面预算管理的内容框架

全面预算较为复杂，企业管理者要想了解全面预算工作，就需要对其大致的内容框架有所了解。根据全面预算的内容，可以得出其预算框架如图 6-3 所示。

知识延伸｜了解财务预算和全面预算

财务预算是全面预算的一部分，主要反映未来一段时间内现金收支、经营成果和具体财务状况的预算。财务预算和销售预算、生产预算以及管理费用预算等共同组成全面预算管理体系。

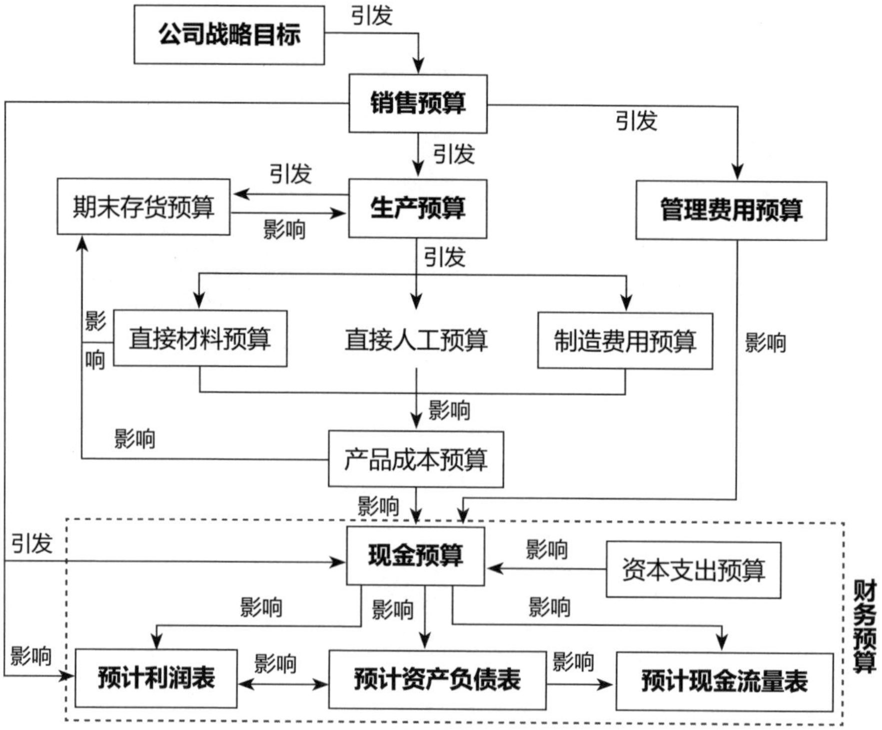

图 6-3　全面预算的内容框架

（3）全面预算管理的流程分析

全面预算分析的内容较为复杂，不易掌握，但是全面预算管理的流程很明晰，管理者要熟悉，如图 6-4 所示。

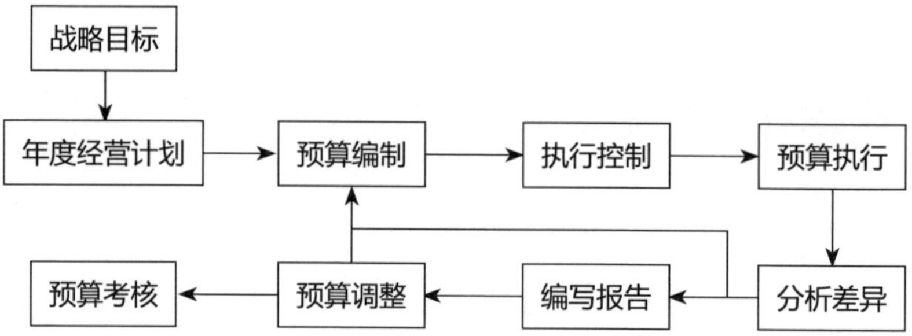

图 6-4　全面预算管理流程

了解了全面预算的大致流程后，还需要对流程的细节进行掌握，了解各个流程的内在联系。图 6–5 所示为全面预算管理概述图。

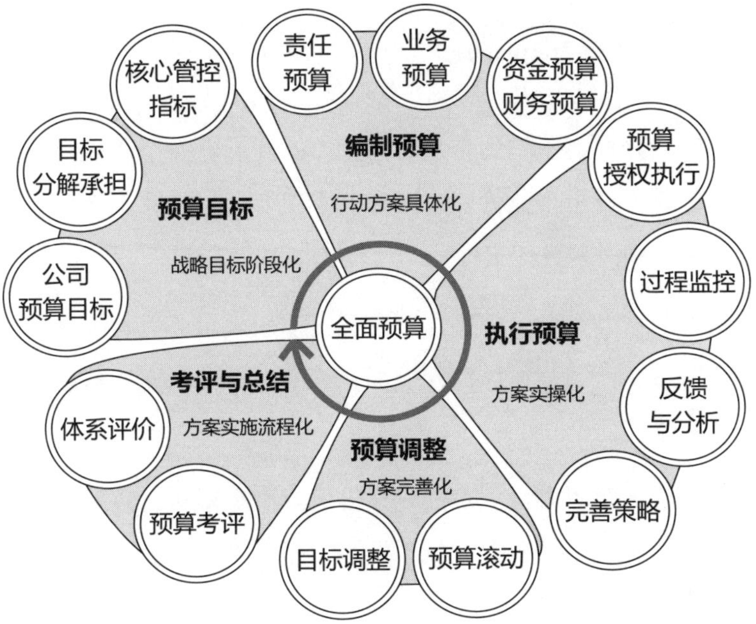

图 6–5　全面预算管理概述图

从图 6–5 可知，企业进行全面预算的起点是预算管理中的确定预算目标，流程中的具体工作内容如下。

- **步骤一：**确定企业的预算目标，然后是将目标进行分解，确定核心管控指标。
- **步骤二：**编制责任预算、业务预算、资金预算和财务预算。
- **步骤三：**开始执行预算管理工作，包括预算授权执行、对过程进行监控以及完善策略。
- **步骤四：**对预算进行滚动调整，对目标进行调整。
- **步骤五：**最后对全面预算管理工作进行考评和总结。

如何让预算不脱轨

预算编制的好坏会影响到企业后续工作的开展，对企业经营目标的实现也可能产生影响。对于企业管理者而言，不仅要做好预算工作，还要对各项预算进行审核，确保预算切实可行。

企业内部通常会有专门从事预算管理工作的人员，负责预算相关工作，如预算编制、审核、调整和执行分析等。其中，预算审核是预算管理中的一个重要工作，也是难点。

企业管理者需要明白预算审核究竟应当由谁来审核，通常情况下，在预算管理工作中，董事会和经理办公会等要对预算过程中的必要事项进行审核，通过后才能进行下一步操作。

那么，预算审核具体审核哪些内容呢？

◆ 审核预算收支计划的安排是否符合公司的发展目标、方针、政策，是否符合公司的计划指标。

◆ 审核预算内容是否符合公司预算管理体制的要求。

◆ 审核预算的内容是否完备，相关资料是否齐全。

◆ 审核预算是否与业务的真正需求相契合，比如，维修部门提报了配置墨镜的预算，理由是夏天阳光刺眼，检查线路时可以有效保护员工的眼睛。乍一看没问题，但仔细想想，戴个墨镜能检查出故障或瑕疵吗？所以，这里的墨镜预算不符合业务的真正需求。

企业管理者要想真正做好自身的预算审核工作，需要多到办公场所内走动，了解实际情况；在进行审核时，可以多从业务角度出发，弄清具体情况。

企业管理者进行预算审核时，目光不能过于短浅，应当时刻留意外部环境、市场走向以及同行情况，从而对预算的成本和利润进行把控。

预算目标的设置通常需要领导层进行决策，然后由下属职能部门执行。由于决策和执行必然存在一定的差异，可能导致编制的预算与实际的预算目标差异太大，因此预算管理部门需要协调好两者之间的差异，领导者的决策需要执行，而下属部门的意见也不能忽视。

因此，为了制定出最合适的预算目标，预算审核便在其中起到协调和控制的作用，不仅要将下属部门的意见进行及时反馈，也将领导层的决策依据向下属部门进行充分的解释说明。

简单了解预算分析的常见分析方法

预算分析是用来跟踪、反映和加强全面预算执行的有效措施。预算的分析方法包括差异分析法、对比分析法、对标分析法、结构分析法以及趋势分析法等。

◆ 差异分析法

差异分析法就是计算往期各预算报表的数据与实际绩效之间的差异，分析引起差异的内外部原因，及时发现和解决预算执行过程中出现的问题和存在的风险，为预算控制提供方向、目标和重点。

◆ 对比分析法

对比分析法是将某项指标与性质相同的指标项进行对比来揭示差异，分析报表中的项目与总体项目之间的关系及其变动情况，探讨产生差异的原因，判断企业预算的执行情况。对比分析的内容如表 6-2 所示。

表 6-2　对比分析的具体内容

项　目	具体介绍
实际数与预算数的对比分析	实际数与预算数的对比分析，如完成率 = 实际完成数 ÷ 预算完成数
同比分析	即将本期实际数与上年同期实际数进行对比分析
环比分析	即将本期实际数与上期实际数对比分析

◆ 对标分析法

了解对标分析法，首先需要知道对标管理。对标管理是通过选取国内外同行业优秀企业的最佳实践结果为基准，与本企业进行比较、分析、判断，从而使本企业的业绩不断改进的一个过程。

预算管理中的对标分析法就是选取行业内标杆企业作为比较标准，通过对标分析，了解企业在行业竞争中的地位，明确差距，提出相应的改进措施。

◆ 结构分析法

结构分析法指某一子项占其总项的百分比，如期间费用中管理费用、财务费用、销售费用各自所占的比例，或办公费用、研发费用等各占管理费用的比例。

结构分析法实际上就是分析每个部分实际数结构与预算数结构之间的差异，分析结构变化对预算完成情况的不同影响。

◆ 趋势分析法

趋势分析法是根据企业连续几个时期的分析资料，确定分析期各有关项目的变动情况和趋势、实际值季度累进趋势等。

预算调整的原则及其调整方式是什么

一般情况下预算是不进行调整的，只有当市场环境、经营条件和政策法规等发生重大变化，致使财务预算的编制基础不成立，或者将导致财务预算执行结果产生重大偏差时，才会对预算进行调整。

预算调整主要可以分为预算内调整和预算外调整两种，具体内容和操作如图 6–6 所示。

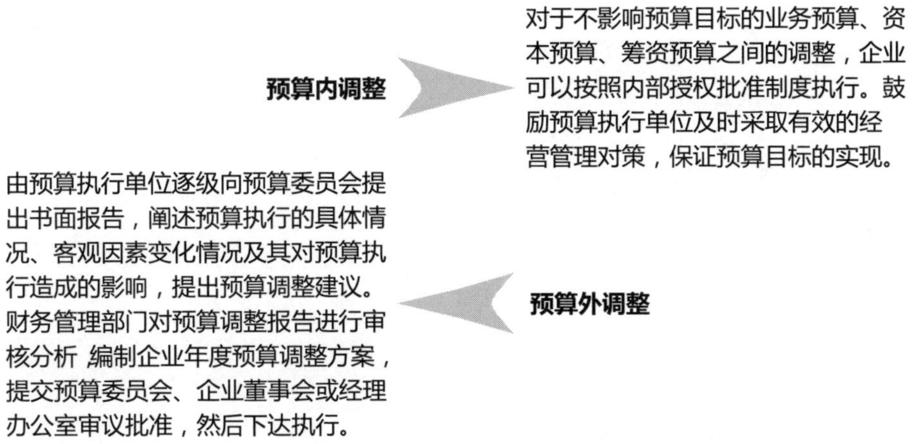

图 6–6　预算调整的分类介绍

在进行预算调整的过程中应当有一定根据，具体应当遵循以下原则。

- 不能偏离企业发展战略和年度预算目标。
- 调整方案应当在经济上能够实现最优化。
- 调整重点应当放在预算执行中出现重要的、非正常的、不符合常规的关键性差异方面。

在预算执行过程中，有时会出现客观情况变动，此时需要对预算进行调整，而常见的预算调整方式如表 6-3 所示。

表 6-3　预算调整的方式

方　　式	具体介绍
科目流用	为了充分发挥资金的使用效果，在保证完成各项建设事业计划且不超过原定预算支出总额的情况下，可以在预算支出科目之间进行必要的调入调出，实际上是局部改变了资金用途，不会影响总的收支平衡。由于资金的用途和物资供应有关，科目之间的经费流用可能造成供求结构不平衡，为了避免这种情况发生，国家对科目流用范围和程序做了规定
追加追减	对原定预算收支总额的增加或缩减。预算追加追减会引起预算收支总额的改变，关系到财政收支平衡的实现，因此必须建立在发展经济基础上。减少支出的同时要相应调整事业计划，要严格控制追减收入和追加支出
预算划转	指在预算执行过程中发生企事业单位隶属关系或行政区划的改变，需要相应改变预算隶属关系时，将原预算划归新的领导部门或接管单位。企事业单位隶属关系改变后，划出单位应将上缴的各项预算收入以及应给单位的预算支出，按照全年预算划转，年度预算执行中已经交入国库的收入和已经实现的支出由划出和划入的双方进行结算
预算调剂	是上下级财政之间预算资金的调度。其目的是解决预算执行过程中发生的各级财政不平衡问题

预算考核很重要

预算工作完成后，并不是只需要按照预算开始执行即可，还需要对预算的执行结果进行考核。如果不对执行结果进行考核，可能导致预算效果偏离企业的经营目标而不自知。

预算考核是对企业内部各级责任部门或责任中心的预算执行结果进行的考核和评价，是管理者对执行者实行的一种有效的激励和约束形式。

预算考核通常分为两种形式，具体介绍如下。

对整个利润预算管理系统的考评。即对企业经营业绩的评价，包括生产能力指标、销售能力指标以及市场开拓能力指标等各种需求指标的考评。

对预算执行者的考核及其业绩的评价。即对预算执行者进行考核，对预算的执行有较好约束、能较好完成业绩者进行激励。

预算考核不仅为了预算能够更好地实施，也为了使企业的战略能够实现。因此，在设计预算考核体系时要遵循一定原则，如表 6-4 所示。

表 6-4　预算考核体系的设计原则

原　　则	具体介绍
目标性原则	预算考核的目的是更好地实现企业战略和预算目标，因此应遵循目标性原则，以考核来引导各预算执行单位的行为，避免各责任中心发生只顾局部利益、不顾全局利益甚至损害全局利益的行为
可控性原则	各预算执行单位以其责权范围为限，对其可以控制的预算差异负责，利益分配也以此为基础，做到“责、权、利”相统一
时效性原则	预算考核要讲究时效性，企业可根据管理基础、内外部环境变化以及经营需要来选择合适的考核时点，如季度考核、半年度考核、不定期考核等。如果等到年度预算期结束后再进行考核，则削弱了预算考核应有的作用
例外性原则	在企业预算管理中，可能会出现一些不可控的例外事件，如市场的变化、产业环境的变化、相关政策的改变、重大自然灾害和意外损失等，考核时应对这些特殊情况做特殊处理。此外，受到影响后也应当及时按程序调整预算，考核也应该按调整后的预算指标进行
公平公开原则	该原则主要包括两点：①预算考核必须公平，即相同的绩效要给予相同的评价；②考核公开，包括制定标准的过程对被考核者公开，考核标准要在执行之前公布，考核结果应在必要的空间范围内公布
总体优化原则	预算管理的目的是通过调动各责任预算主体的积极性、主动性来实现企业预算管理的总目标。各责任预算主体的工作目标主要是为了自身利益的最大化，这就容易产生矛盾，预算考核就有利于减少这些矛盾，从而有助于企业总体目标的实现和价值的最大化

明确了预算考核体系的设计原则后，就可以按照一定的流程实施预算考核，具体流程如图 6-7 所示。

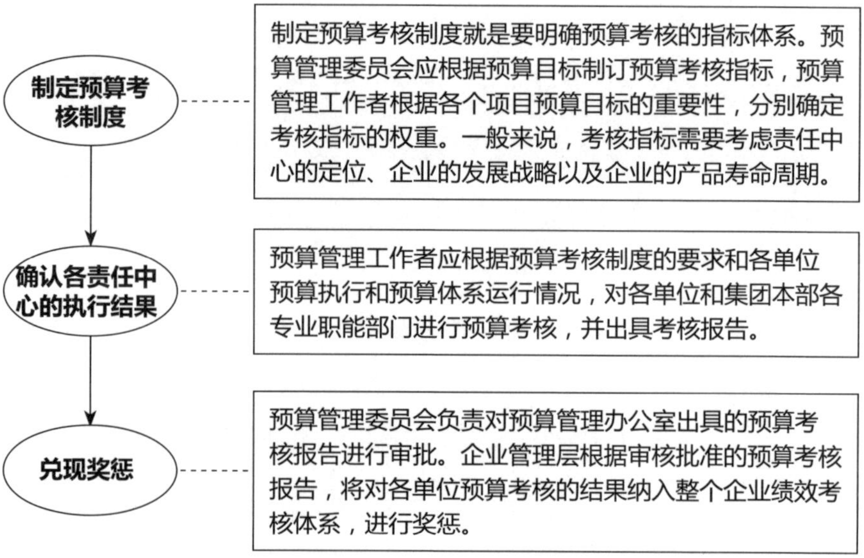

图 6-7　预算考核实施流程

下面来看某企业的预算考核制度的部分内容。

一、目的

为健全公司预算管理体系，推进预算管理工作不断完善，加强预算工作的准确性、及时性、严肃性及权威性，建立预算管理工作的评价机制，特制定本制度。

二、适用范围

本制度是针对参与公司预算管理工作的部门及相关岗位而建立、制定的，是对公司绩效考核方案的有效补充，是公司经营业绩考核体系的重要组成部分，适用于公司所有关于预算考核管理。

三、内容

预算考核的内容包括：预算编制考核、预算执行考核、预算调整考核和预算分析考核 4 个部分。预算考核内容的基础分为 100 分，其中：预算编制考核 10 分、预算执行考核 70 分、预算调整考核 10 分、预算分析考核 10 分。对预算管理工作的考核评价，只扣分不加分。

……

1. 预算编制的考核

预算编制的考核内容是对预算编制部门和岗位的预算编报资料是否及时、是否完整科学以及是否合理所进行的考核，扣分上限为 10 分。

（1）及时性考核：严格按照本公司下发的文件或通知的要求准时上报预算，否则扣 3 分。

……

如上所示为某企业的预算考核制度部分内容，该制度中对考核内容以及评分标准等进行了具体介绍，此外还对预算考核目的、适用范围进行了介绍。不仅能够让相关工作者了解具体操作方法，还能让责任员工明确操作方法。

管理者应该重视预算管理的误区

企业管理者在了解预算管理的相关情况时，还应当重视预算管理误区，避免在经营过程中走入预算误区，为企业规划正确的发展轨迹。

（1）了解预算的实质

管理者要了解预算管理的误区，首先需要明确预算管理的实质。预算管理并不是仅仅计算出一些汇总数据就可以了，而是要制订具体的行动方案。

例如某企业需要确定明年的员工培训费用25 000.00元，这时就需要明白，并不是明确总的培训费用数据就可以了，还需要明确该项费用具体要做什么？应该怎么做？通过培训要达到什么效果？

企业如果事先没有制订计划来解决这些问题，那么就可能出现浪费资金的情况，使得资金的具体使用情况难以把控。

下面来看一个具体的案例。

浙江省某电子科技有限公司为了提升员工的专业技能，在2019年11月中旬聘请了一位信息通信专业讲师，给他们公司的相关部门的工作人员进行专业技能培训。然而到了开课的那天，只有几个人来听课，而且都是心不在焉，根本没人认真听讲师讲课。

课间，培训讲师向培训负责人了解具体情况，为什么员工没有参加培训的意愿。负责人表示开展此次培训，主要是因为部门向公司申请的预算还没有用完，现在就是要把这个钱花掉。这样看来，此次培训显得可有可无。

通过上述案例可以发现，该企业预算管理不到位，仅仅因为部门申请培训费用，就可以获得，而没有对培训费用进行具体规划，也没有对培训过程和培训结果进行评估，由此导致企业的资金没有得到正确的使用，不仅造成浪费，还可能导致各部门都将该费用认为是一种“福利”。

（2）企业不一定按照预算结果发展

对于达到一定发展规模的企业来说，做好预算是必须的。但预算毕竟体现的是企业未来的情况，而企业的未来又常常难以预测。因此，很多人会把企业是否按照预算结果往前发展用来检验预算管理准与不准的成效，而这样一来就混淆了“预算”和“预测”的含义。

- **预测：**是依据历史数据对未来的某项任务进行“事先测算”。例如，根据历史年度数据和其他相关信息，测算未来年度的销售量。

◆ **预算：**往往在一项经济业务开展之前就要做出，也就是在企业尽力经营的前提下，测算未来年度收入、成本以及费用等指标能实现或控制到什么程度，并以此作为企业的经营计划、经营目标。

比如，当企业的预算人员通过各种方法计量出本年度企业盈利的概率为 85%，亏损的概率为 15%，此时这些数据的得到就是预算的结果。而针对这一结果，很多人可能会认为本年度企业可能出现盈利，这一认为就是预测。

简单来讲，预算就是通过分析、规划得出的实实在在的结果，而预测只是提出一种可能的结果。不同的人针对同一预算结果可能做出不同的预测。

某企业是一家食品加工公司，2019 年的下半年企业的预算人员为企业制订的预算：下半年利润为 500.00 万元。因此无法确定下半年的利润是否能够超过 500.00 万元。

到下半年的 9 月份，因为市场需求增加，该公司的销量明显增加，导致利润增多，此时就可以进行预测，该公司下半年的销售利润能够超过 500.00 万元，但实际情况仍然不得而知。

通过案例可以知道，预测是企业经营过程中离不开的，预测只有用结果来进行验证。此外，预算还可以在预测的基础上提出具体的对策，或是针对预测结果事先进行预防。

例如，预测企业今年为了拓展市场需要大量投入销售费用，但具体需要投入多少，投入到哪些方面，这些就需要进行预算。

（3）财务计划不等于预算管理

预算管理并不是制订财务计划那么简单，那么预算管理和财务计划之间有什么差别呢？具体内容如表 6-5 所示。

表 6-5　预算管理与财务计划的差别

方　　面	差别介绍
内容	预算是公司全方位的计划，而财务计划只是公司预算的一部分，不是全部，在前面的关系图中有过介绍
预算形式	预算是可以货币化的，也可以实物化，比较具体，而财务计划是以价值形态表现的计划，比较抽象
范围	预算是一个综合性的管理系统，涉及公司各个部门和不同科层，而财务计划的编制、执行主要由财务部门控制

财务计划仅仅针对财务管理，属于企业管理中的部分内容，而预算管理则是针对企业整体的管理工作，两者有较大差距。

预算管理是希望使预算成为一种自动化的管理机制，而不是一种管理手段，涉及企业的方方面面。此外，预算管理的最终目的还是实现企业的战略目标，将企业的战略意图落到实处，有利于企业发展。

第7章 管理者如何做好企业的成本控制

企业正常运营通常为了盈利，而要考虑盈利就必须要了解成本，如果企业成本过高，即使有收入也可能出现亏损。管理者要做好成本、费用等管控，避免企业出现资金周转不灵的情况。

理解成本的真正含义

对于企业而言，什么叫“成本”？通俗的解释就是企业为达到盈利目的所耗用的本钱。它是企业增加盈利的根本源头，会对盈利产生影响。利润的计算公式如下：

利润＝收入－成本

通过利润的计算公式可以看出成本对利润的影响。成本问题也是许多企业管理者十分关心的，从公式表面来看，在收入一定的情况下，减少的成本就能够转化为利润，许多企业都希望从中获取增加利润的方法。

（1）大成本观

大成本观就是要企业的管理者能够转变思维，重新看待成本，即成本是为了达到目的而发生的价值牺牲，可以用具体的单位进行衡量。也就是说，成本是企业获取收入和利润的必要投入。

对企业而言，成本应当是能够产生收益的，而不是损失、浪费。损失、浪费都是可以避免的，而成本是必须发生的，是企业获取收益和利润的前提。广义上的成本包括了财务上的成本和费用。

例如制造企业生产玩具，因工艺问题，可能出现残次品，每生产一个玩具就会导致一定的物料浪费。

以上这种情况，只有构成玩具的组成部分的原料、消耗等确认为成本，而生产残次品发生的物料浪费则属于损失。

在企业经营过程中成本受哪些因素影响呢？以制造业企业为例，成本应考虑企业的战略和产品研发，具体介绍如图 7-1 所示。

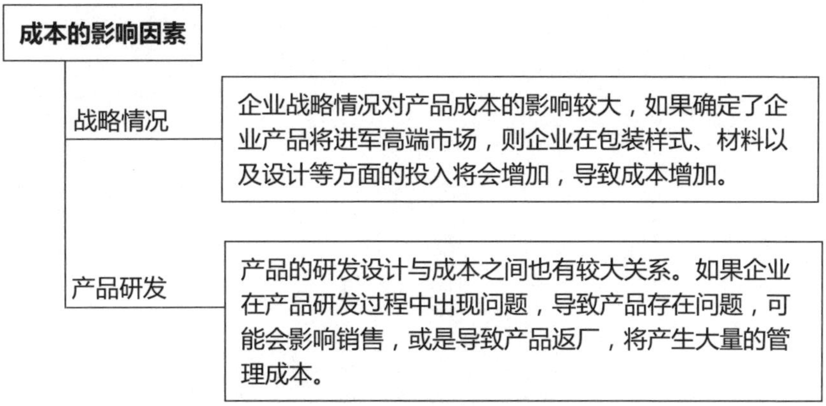

图 7-1　成本的影响因素

（2）财务工作中涉及的成本

管理者需要知道，成本是衡量公司生产经营管理水平的重要指标，能够反映公司劳动生产率的高低、原材料的消耗情况以及设备利用率等。

管理者要了解企业的生产经营成本状况，首先需要了解企业生产经营涉及的成本项目，具体介绍如表 7-1 所示。

表 7-1　财务工作中涉及的成本种类

分类依据	项目名称
经济内容	采购成本、生产成本、基本生产成本、辅助生产成本、销售成本、主营业务成本和其他业务成本等
形态	变动成本、固定成本
与产品生产关系	直接成本、间接成本
计量单位	单位成本、总成本
产品成本构成情况	主要成本、加工成本

（3）明确企业隐性成本

说到控制成本，许多企业都是在一些显而易见的成本项目上进行，希望能够降低成本。然而有些成本项目都是隐性成本，企业管理者不能直观看到，却是实际存在的。下面来看成本的冰山模型，如图 7–2 所示。

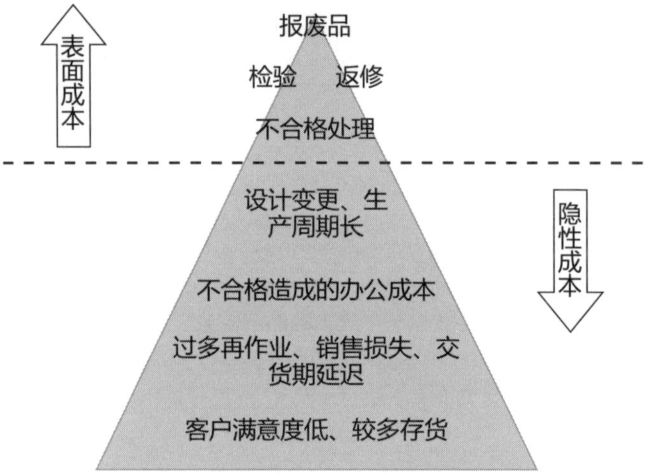

图 7–2　成本冰山模型

在企业的生产经营过程中，隐性成本除了图 7–2 中介绍的，还包括订单错误、上市时间过晚、人员流失以及决策失误等产生的成本。

企业成本中的显性成本是企业生产所必要，如果管理者对这些成本进行控制或者削减，有可能导致企业生产经营出现问题，因此管理者在控制成本时可尽量关注隐性成本，下面来看生产活动中的七大浪费，如表 7–2 所示。

表 7–2　生产活动中的七大浪费

浪　　费	主要表现
等待浪费	作业不平衡，安排作业不当、待料、产成品品质不良等
搬运的浪费	车间采用批量生产，但依照工作站为区别进行集中的水平式布置导致的物质搬运浪费。这是无流线生产观念的表现

续表

浪　　费	主要表现
不良品的浪费	工序生产无标准确认或有标准确认但未对照标准作业，管理不严密、松懈所导致
操作的浪费	生产场地不规划，生产模式设计不周全，生产动作不规范统一
加工的浪费	制造过程中作业加工程序的动作不优化，可省略、替代、重组或合并的情况未及时检查出来
库存的浪费	管理者为了自身的工作方便或本区域生产量化控制一次性批量下单生产，而不结合主生产计划需求的流线生产所导致的局部大批量库存
制造过多（早）的浪费	管理者认为制造过多与过早制造能够提高效率或减少产能的损失，平衡车间生产力，其实其中存在不确定性，制造过多或过早容易积压，从而导致浪费

必须懂得重要工具本量利的分析

本量利分析，即分析考察企业的“成本—业务量（销售收入）—利润”之间的依存关系。这 3 个变量之间的依存关系，形成企业的利润结构。

进行本量利分析的目的是要从结构上把握企业销售收入的增加或减少会给经营利润带来什么样的影响。根据成本（Cost）、业务量（Volume）和利润（Profit）3 个词的英文首字母，也将本量利分析简称为 CVP 分析。

（1）了解保本点和保利点

虽然企业的结构类型各不相同，但是企业管理者都应当掌握本量利分析思维。要确定保本点和保利点，首先需要确定企业的成本。成本可以根据与销售量的关系分为固定成本和变动成本，具体介绍如图 7–3 所示。

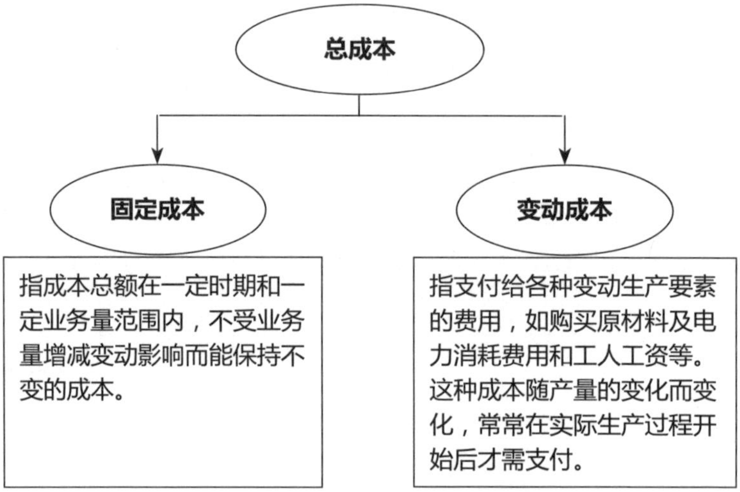

图 7-3　固定成本和变动成本简介

下面具体来看保本点和保利点的内容，如表 7-3 所示。

表 7-3　保本点和保利点的具体介绍

项　　目	具体介绍
保本点	保本点又叫盈亏平衡点，其原理是当产量增加时，销售收入成正比增加，但固定成本不增加，只是变动成本随产量的增加而增加 计算公式：$BEP=Cf\div(P-Cu-Tu)$ 其中，BEP 表示盈亏临界点的业务量；Cf 表示固定成本；*P* 表示单位产品售价；Cu 表示单位产品变动成本；Tu 表示单位产品增值税
保利点	指在单价和成本水平既定的情况下，为确保事先确定的目标利润（TP）能够实现而应当达到的业务量的统称 计算公式：$X=(Cf+TP)\div(P-Cu)$ 其中，X 表示保证目标利润的业务量；Cf 表示固定成本；TP 表示目标利润；*P* 表示单位产品售价；Cu 表示单位产品变动成本

（2）从本量利角度控制成本

了解了本量利三者的关系后，管理者在企业实际运转过程中可以通过控制固定成本和变动成本来对成本进行控制。

固定成本控制。固定成本越高，表示企业获得利润的门槛就越高。固定成本就相当于一种风险，因此需要降低固定成本。比如固定资产已经买入，就会开始使用并计提折旧，计入固定成本，为了达到控制的目的，许多大企业通常选择租赁固定资产或是将企业工作外包，将固定成本转换为变动成本，起到减少固定成本的效果。

控制变动成本。在考虑降低企业变动成本时，要考虑将变动成本与每一个产品、项目或订单进行关联计算，进而分析订单的利润和成本，其中与订单有关的必要成本可以开支，无关的成本就尽量控制。

成本管理之 ABC 成本分析

ABC 成本分析是一种区别于传统成本计算方法的新方法，传统的成本计算一般采用分批法归集产品的制造成本，每件产品的成本是直接材料的成本与间接成本的总和。

如计算某公司 A、B、C 三种产品的成本，如果使用传统的方法进行分析，除了计算消耗的直接材料成本之外，就是将间接费用平均分摊，即尽管 A、B、C 三种产品的复杂程度、制造工艺都不相同，却仍然是按照生产 A、B、C 三种产品消耗的整体生产能力平均分配，而不是按照三种产品的生产区分来单独计算每种产品的间接费用比例。

ABC 分析法又叫作业成本法，是以成本动因为基础，利用财务方法和 IT 工具来计算成本的方法，大大提高了成本分配标准和可追溯性。开展作业成本管理，不仅可以提供相对准确的成本信息，还可依据作业链和价值链的分析，使成本控制满足经营控制的需要。掌握作业分析和成本动因理论，是ABC分析法成功的关键。

- **作业分析**：是通过对作业的识别与计量、资源费用的归集与确认、成本对象消耗作业的确认与计量以及成本费用的归集等步骤和方法，分析评价作业的有效性和增值性，以提高作业效率、减少资源消耗、增加产出价值的一种分析方法。
- **成本动因理论**：是作业成本法的理论基础，成本的分配应着眼于成本的来源，把成本的分配与促使成本产生的原因联系起来，按成本产生的原因进行成本汇总和分配，在此基础上进行管理分析和决策。

下面通过具体的案例来进行说明。

某企业主要业务是生产小型家用发电机，企业生产的发电机分别有A、B、C三种型号，每种产品的销售收入都是1 700.00元，三种发电机的成本分别是700.00元、1 000.00元和1 300.00元，费用分别是200.00元、400.00元和600.00元，最终计算出三种发电机的利润如表7-4所示。

表7-4　各种发电机的利润计算

项目	A型发电机	B型发电机	C型发电机
收入	1 700.00	1 700.00	1 700.00
成本	700.00	1 000.00	1 300.00
费用	200.00	400.00	600.00
利润	800.00	300.00	−200.00

通过表4-6可以发现，各个产品的利润情况一目了然，其中C型发电机处于亏损状态。如果按照传统的分析方法计算并进行上报，领导获取的信息可能是企业三种型号的发电机总利润为900.00元，平均每种产品利润为300.00元，这样就容易产生误导，让人认为C型发电机也在盈利。

因此单独列示各项产品的费用、利润具体数据才是合理的，只有决策者知道了每种产品的盈利情况，才能做出正确的决策。例如扩大 A 型发电机的生产规模，减少或是停止生产 C 型发电机，避免造成过多的损失。

成本性态分析如何做

成本性态分析指在明确各种成本的性态的基础上，按照一定的程序和方法，最终将全部成本区分为固定成本和变动成本两大类，并建立相应成本函数模型的过程。

要想知道如何进行成本性态分析，就要知道成本性态分析的具体步骤。成本性态分析主要可以分为分步分析程序和同步分析程序，下面以分步分析程序为例，介绍成本性态分析的步骤，如图 7–4 所示。

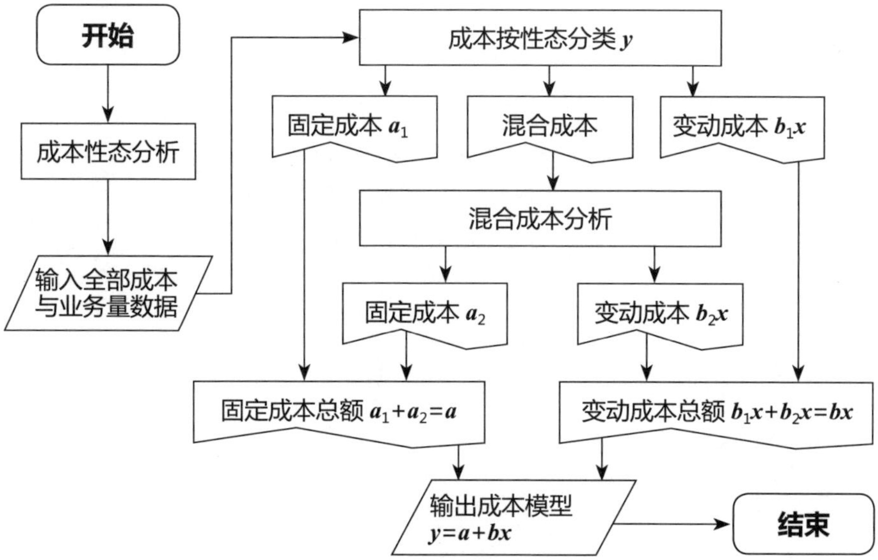

图 7–4　成本性态分析步骤

由图 7-4 所示的步骤推出的公式 $y=a+bx$，其文字表达式如下：

总成本 = 固定成本总额 + 单位变动成本 × 业务量

成本总额包括固定成本、变动成本和混合成本，各成本的特点介绍如下。

- **固定成本**：特点有两个，一是在一定范围内，固定成本总额不受业务量变动的影响，并保持不变。其成本模型是 $y=a$（a 表示固定成本总额），模型图如图 7-5（a）所示；二是在一定范围内，单位固定成本与业务量成反比。其基本模型为 $y'=a\div x$（x 表示业务量），模型图如图 7-5（b）所示。

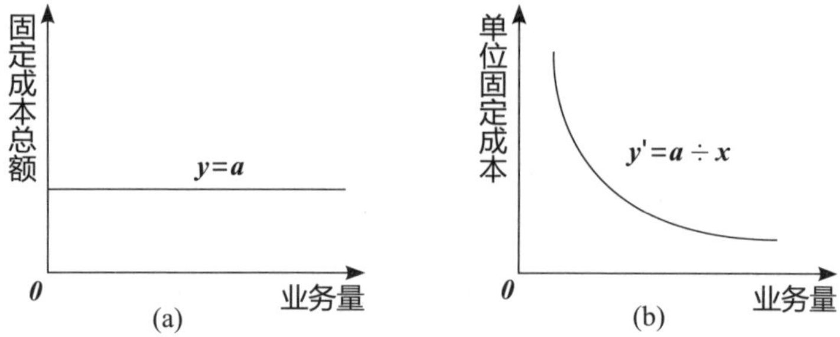

图 7-5　固定成本模型图

- **变动成本**：特点有两个，一是在一定范围内，变动成本总额与业务量成正比例变动，其基本模型 $y=bx$（b 为单位变动成本，x 为业务量），模型图如图 7-6（a）所示；二是在一定范围内，单位变动成本不受业务量变动的影响，其基本模型为 $y'=b$，模型图如图 7-6（b）所示。

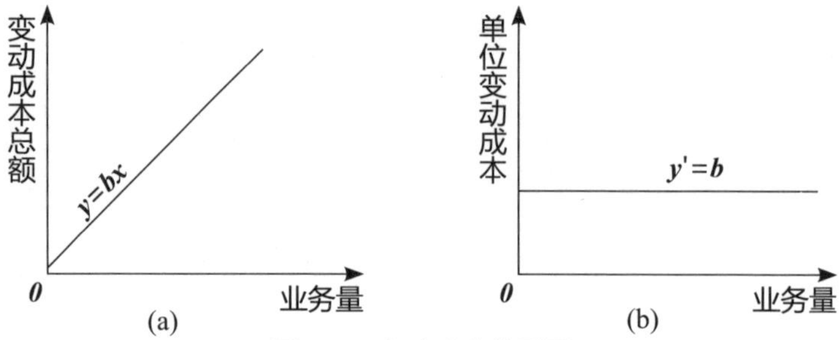

图 7-6　变动成本模型图

◆ **混合成本**：混合成本指既具备变动成本特性，又具有固定成本特性的成本。按照变动趋势的不同，可分为半变动成本、延期变动成本、半固定成本以及曲线变动成本。

下面来看具体的案例。

【案例 1】

某企业在日常的经营过程中发生了如下成本。

①房屋租赁费；②银行利息支出；③货物运送费；④手续费支出；⑤安全保卫费；⑥审计咨询费；⑦水电费；⑧企业管理人员的工资。应当如何区分变动成本、半变动成本和固定成本呢？

各类成本的分类如下。

固定成本：①房屋租赁费；③货物运送费；⑤安全保卫费；⑥审计咨询费。

变动成本：②银行利息支出；④手续费支出。

半变动成本：⑦水电费；⑧企业管理人员的工资。

【案例 2】

某企业在生产过程中租用一个设备，租约规定租金的计算分为两部分：①按年支付固定租金 2 000.00 元；②在此基础上，机器每运转 1 小时支付租金 0.60 元，假定该设备今年累计运转 5 000 小时，共需付租金 5 000.00 元，那么该企业租金的成本性态模式是怎样的呢？

如果企业当年不运转，则需支付固定租金 2 000.00 元，之后每运转 1 小时，需要支付 0.60 元。具体计算如下。

机器工作 0 小时，成本为 2 000.00 元；机器工作 1 000 小时，总成本为 2 600.00 元（2 000.00+1 000×0.60），机器工作 5 000 小时，成本则为 5 000.00 元（2 000.00+5 000×0.60），因此可以得到该企业的成本性态模式如图 7–7 所示。

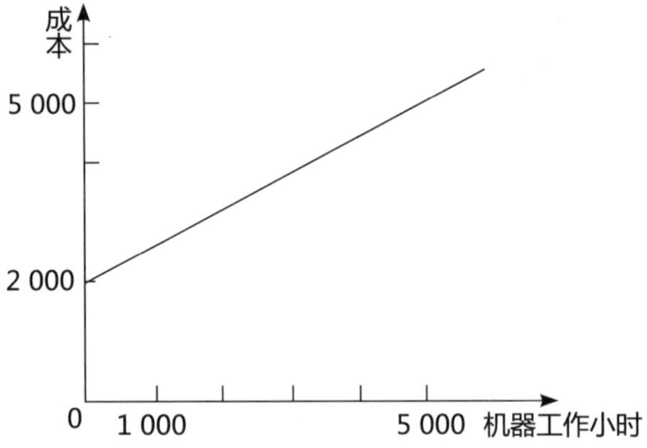

图 7-7　该企业的成本性态模式

管理者要协助确定目标成本

目标成本指企业在一定时期内为保证目标利润的实现，而设定的一种预计成本，它是成本预测与目标管理方法相结合的产物。企业管理者在协助相关部门确定目标成本时需要注意两点内容。

- ◆ 考虑本单位的设备条件、原材料的供应情况、原设计的生产能力、职工的素质及技术水平等。
- ◆ 重视企业的外部条件，例如，市场对本企业的产品的需求情况，国内外竞争对手的成本资料等。

目标成本管理是企业目标管理的重要组成部分，推行目标成本管理可以促使企业加强成本核算和控制，更好地贯彻经济责任制。相关部门的工作人员在确定目标成本时，可以参考如下公式：

目标成本 = 预计销售收入 − 目标利润

从过程上看，目标或成本管理是“计划—实施—检查—改进—计划”这样一个周而复始的动态式成本控制过程。

下面通过具体案例来看目标成本的计算。

某企业主要从事电子设备生产，主要生产 A、B 和 C 三个系列产品，2019 年销售额分别为 2 178.00 万元（6 200 台）、5 421.00 万元（18 000 台）、3 719.00 万元（14 000 台），合计 11 318.00 万元。由于市场竞争日趋激烈，估计 2020 年市场价格会下跌 25%，在销售量不变的前提下，预计 2020 年合计销售额如下。

11 318.00×（1−25%）=8 488.50（万元）

公司经董事会决定，在全公司实行目标成本制，努力降低成本，确保 2020 年利润总额不低于 2019 年（2019 年利润总额为 964.00 万元），比如将 2020 年目标利润定为 978.00 万元。

2020 年目标成本 =8 488.50−978.00=7 510.50（万元）

为了将成本控制在该目标之内，经过测算，2020 年生产成本（直接材料、直接人工、制造费用）要比 2019 年降低 30%，期间费用（管理费用、销售费用、财务费用）要比 2019 年降低 10%。

要学会及时调整薪酬制度

薪酬制度指企事业单位以及其他组织的工资制度，是关于企业标准报酬的制度。薪酬制度通常在企业成立之初确定，企业支付给员工的薪酬也应当计入企业的成本。薪酬制度一旦调整，就会影响成本，因此薪酬管理制度中应当列明薪酬调整的问题。

列明薪酬调整事项，能够为企业以后调整薪酬制度提供一定的参考依据。通常情况下，企业的薪酬水平不可能一直保持不变，而是会随社会平均工资水平或者行业经营情况变化出现变动，此时就需要对企业的薪酬制度进行调整，可能包括薪酬结构、薪酬等级、薪酬考核以及工资发放等项目的调整。

管理者在对薪酬制度进行调整时，可以从薪酬的各个方面入手，例如基本工资、绩效考核、加班工资、奖金和福利以及工资扣减等。

此外，除了整体调整薪酬制度外，还可能涉及部分或个别员工薪酬调整，此时需要单独进行上报，经过考核后再由企业领导进行审批，通过之后再执行。

下面具体来看某企业的薪酬调整制度的内容。

第四章 薪酬调整

第十一条 新进人员工资标准确定

对考核录用的新进员工，由总经理、副总经理按照营销类或非营销类员工确定其岗位薪酬标准，在试用期内，按其岗位薪酬标准的80%计发试用期工资，试用期满后，经考核合格转正后按其相对应的工资标准发放。

第十二条 薪酬的调整

公司整体薪酬水平随社会平均工资水平的变动和公司效益的变动适当进行调整；员工个人的薪酬水平要随岗位、职务及业绩的变动而做相应的调整。

一、薪酬调整分类

1. 个别调整

员工岗位变动或升职、降职，则工资随岗位变化和级别变动而相应调整。

2. 特别调整

公司对于对公司年度经营目标的实现做出突出贡献的员工，可以给予破格晋升职务或提升薪资等级的奖励；对于违规、违纪、违法，给公司带来重大损失的员工行为，给予降低职务和薪酬等级的处罚。

二、薪酬调整程序

由部门经理提议，报公司行政人事部考核，分管副总经理审核后报总经理批准执行。公司行政人事部填制员工异动审批表进行申请，经异动员工部门经理、分管副总经理签字后，报公司总经理签字批准。

在经营过程中不断完善薪酬激励制度

薪酬激励可以有效提高员工工作的积极性，在此基础上促进工作效率的提高，最终能够促进企业的发展。薪酬激励是较为有效的激励方式，因此，企业管理者在制定薪酬激励制度时要做充分思考，并且在企业经营过程中不断对其进行完善。

对于企业而言，薪酬激励虽然能够起到很好的激励作用，但是也有一定的缺陷，企业管理者需要注意，应当根据企业的发展情况不同，对薪酬激励制度进行调整和完善。

下面通过具体的案例来看如何完善企业的薪酬激励制度。

某企业是一家互联网企业，在对企业制度进行调查后，结果显示，仅有 32.5% 的员工满意，而不满意的主要原因是考核评估的指标体系不够科学、考核评估过于主观、考核过程走过场、考核不定期等。

另外，89.4% 的员工认为对企业内不同的员工应采用不同的考核方法和指标体系；77.9% 的员工不满意工资水平；85.3% 的员工认为等级工资制不合理。

通过以上调查，得出影响员工积极性的主要因素是：考核制度不够健全，奖励制度不够完善，员工缺乏再培训和对企业广泛的认同感。为了解决这些问题，企业决定从考核制度和激励制度两方面入手做出改变。

1. 考核制度的设计

公平、公正地对部门和员工进行考核，根据员工贡献大小决定其地位和待遇。具体情况是：考核对象为公司的员工、部门和项目；对人员的考核包括对二级经理、三级经理、工程技术人员、销售人员及管理人员的考核；不同人员的考核内容和标准是不一样的；具体介绍如表 7–5 所示。

表 7–5　改进后的考核方式

对　　象	考核方式
二级经理	考核标准侧重于整个部门的工作绩效（权重 0.6，下同）、组织协调能力（0.1）、开拓能力（0.1）、工作责任心（0.1）和公正廉洁（0.1） 二级经理的考核分数 = 自评 + 下属评分 + 考核分数
三级经理	考核标准为工作完成情况（0.4）、组织协调能力（0.2）、开拓能力（0.2）、工作责任心（0.1）和公正廉洁（0.1） 三级经理的考核分数 = 自评 + 二级经理评分 + 考核分数
技术、销售和管理人员	根据他们的工作性质，确定不同的考核标准和权重。该部分人员的考核分数 = 自评 + 三级经理评分 + 考核分数
部门	针对不同的部门设计不同的考核标准和权重，由部门经理填写自评，经公司领导根据部门实际工作业绩，结合相关部门的评价来评分
项目	根据人力资源部组织质量部门对项目质量（0.3）、项目完成时间（0.3）、用户满意度（0.3），以及财务部门对财务指标和预算执行情况（0.1）的评价来评分 考核分数 = 自评 + 项目考核分数

2. 激励制度

一般来说，工资是维持员工现有工作动机的首要因素。在晋资程序设计中，根据上年度考核的绩效和公司的晋资指标，确定晋资名单。获得职位提升的员工，若其工资未到提升后新职位的最低工资等级，则应加薪。处于原职位最高工资等级的员工，只有获得职位提升，才能晋资加薪。奖金的设计包括销售特别奖、部门经理奖和购房基金奖，以对那些做出突出业绩和贡献的员工和经理予以奖励。同时为了培养员工的团队精神，设立部门奖，奖励依据为部门考核分。

对于职位设计，对不同的类别进行了不同设计，不同级别享受不同待遇。

行政管理——由低级到高级依次为初级职员、中级职员、高级职员、主任职员、三级经理、二级经理和一级经理。

申请行政管理职位的员工包括：高级管理人员（各级经理人员）、市场研究人员、销售人员、财务人员、物资采购人员、质量检验人员、行政管理及支持人员等。

技术职位——由低级到高级依次为职业技师、助理职业工程师、三级职业工程师、二级职业工程师、一级职业工程师和专家。

申请专业技术职位的专业技术人员包括工程部门技术人员、研究和发展部门技术人员以及其他部门的技术人员。

以上介绍的这些内容最终都需要在薪酬制度中进行体现，管理者要根据企业实际情况进行综合考虑，避免制度出现漏洞。

要学会利用弹性福利制度

弹性福利制度是一种有别于传统固定式福利的新型福利制度。弹性福利又称为“自助餐式的福利”，即员工可以从企业提供的福利项目中自由选择所需要的福利。

由于企业所处环境或经营内容有差异，因此弹性福利制度在实际的操作过程中逐渐演化为如表 7-6 所示的几种类型。

表 7-6　常见的弹性福利制度

类　　型	具体介绍
附加型弹性福利计划	是在现有的福利计划之外，再提供其他不同的福利措施或扩大原有福利项目的水准，让员工自由选择
核心加选择型	每个员工都可以享有的基本福利，不能自由选择；弹性福利可以随意选择，并附有价格
弹性支用账户	员工每一年可从其税前总收入中拨取一定数额作为自己的“支用账户”，并以此账户去选购企业提供的各种福利措施。支用账户的金额不须扣缴所得税，但账户中的金额若未能在年度内用完，余额归企业所有
福利套餐型	由企业同时推出不同的“福利组合”，每一个组合所包含的福利项目或优惠水准都不一样，员工只能选择其中一个福利组合的弹性福利制
选高择低型	会提供几种项目不等、程度不一的“福利组合”供选择，以企业现有的固定福利计划为基础，再据以规划数种不同的福利组合。这些组合的价值和原有的固定福利相比，有的高，有的低。如果员工看中了一个价值较原有福利措施还高的福利组合，那么他就需要从薪水中扣除一定的金额来支付其间的差价；如果他挑选的是一个价值比原有福利措施低的福利组合，他就可以要求雇主发给其间的差额

弹性福利项目虽然在一定程度上有助于节省企业的福利成本，但是管理者还是需要注意弹性福利制度实施时的要点。

- ◆ 实施弹性福利前要对向员工个人和员工整体按规定提供和自行设立的福利项目进行精确的年度预算，以便企业领导据以决策并有效控制福利制度的执行。
- ◆ 在执行弹性福利制度的同时，要定期开展员工调查和问询，了解员工对福利项目的重要性和满意程度的意见。要定期将企业的福利政策与工会和其他行业协会的政策以及竞争企业的政策进行比较。
- ◆ 随时为员工提供有吸引力的福利项目，不断调整企业的福利政策以适应环境条件的变化，当然这样做时必须符合经济原则，要注意防范福利导向与直接报酬相抵触。

◆ 为保证福利政策和实践的统一，必须将福利制度或规定全面、系统地编写到“员工手册”中。

采购成本要如何控制

控制成本是每一个企业管理者都应十分重视的问题，固为该举动可提升企业收益。通常采购成本是需要重点关注的成本控制项，采购成本的高低体现经营者管理水平，是决定商品价格和利润的重要因素。

采购部门的可控成本主要包括外购产品和服务的成本、物流成本以及采购人员差旅费等。采购成本控制需要注意以下几点。

◆ 配置专门人员进行议价

虽然企业通常有专门的采购人员，但是很多采购人员在与供应商打交道的过程中容易收到供应商的好处，可能会从中谋利，从而损害企业的利益。因此，企业需要配置专业的议价员。

议价员的主要职责就是在采购过程中将外购产品或服务的价格压到最低，为企业节省采购成本。企业应当选择按原则办事、了解采购项目情况并且对企业忠实可靠的人员作为议价员。

关于议价员，不一定非要从采购部门中挑选，也可以从其他部门或是选择第三方人员负责。无论从何处选择议价员，他们都应当对采购项目有所了解，避免盲目议价。

◆ 选择正确的产品或服务

在采购之前，需要对即将采购的产品或服务进行调查、研究、分析和比较，找到合适的符合企业生产需求的产品（或服务）。如果出现产品（服务）购买错误，将会给企业带来看得见的经济损失。

◆ 选择优质供应商

在明确了需要采购的物品(或服务)后，接下来就需要选择相应的供应商。在选择供应商时，除了要考虑其提供的产品(或服务)，还需要考虑距离、价格、送货时间、质保、售后支持与服务、经济实力以及信誉等问题。可以按照各个因素的重要性进行排序，便于择优选择。

◆ 联合采购

联合采购是委托专业采购服务机构进行的采购活动，是企业、政府、个体工商户常常实行的区域联合集中采购。该方式使不同地区零散项目集合起来，形成大规模采购，以此来实现提高规模经济效益和降低采购成本的目标。

◆ 先试后买

先试后买指企业与供应商进行协商，先由企业进行产品试用，测试产品是否适合，降低企业的采购成本、库存成本以及信誉风险。

管理成本要如何控制

管理成本是相较于企业实际成本提出的，它主要包括管理费用。管理费用指为组织和管理企业生产经营活动所发生的各项费用，包括企业的董事会和行政管理部门在企业经营管理中发生的，或应当由企业统一负担的经费。那么要控制管理成本，应当从哪些方面入手呢？

◆ 控制新增成本

企业在经过较长时间发展后，有人提出需要新增软硬件和人手。这时候管理者需要引起注意，不要随便应承。因为人手不足可能是从事该项工作的员工无法完成分配的工作导致，真正需要做的事情是改进流程、开展培训以及提升工作效率，并不是人手和设备的问题。

此外，还有一些部门人员配置不合理，有的部门人浮于事，有的部门却异常忙碌。面对这种情况，企业管理者就需要及时进行调整，做好统筹工作，做好岗位人员合理配置，具体可以采用调岗的方式进行均衡，尽可能减少新增成本。

◆ 推行电子化

尽量减少纸质文件传播，多以电子档的形式传播。如今企业基本都普及了电脑，多用网络进行文件传播。尽量减少纸张和打印机的使用，能够为企业节省开支。

◆ 控制会议质量

很多企业无论做什么，都要通过会议来确定。这就导致企业的会议没完没了，而召开会议可能占用较多人力资源和人员的时间，不仅效率低，而且容易影响员工的工作进程。

实务中可以通过网络、电话等召开会议，或者召开会议时有针对性地选择相关人员与会，避免大量浪费时间和人力。

◆ 合理运用办公区域

对于很多企业而言，办公区域存在富余，这实际上是一种空间浪费。除此之外，这些空闲区域还需要浪费资金进行装饰和保养，显然这些投入会妨碍企业利润的增长。

◆ 注意各项日常费用的开支

企业的日常开支虽不起眼，但是如果不注意控制，也容易积少成多，最终对企业的盈利造成影响。企业管理者在协助相关人员进行日常费用开支控制时，需要考虑相关问题。

- 某项费用是否是必要开支？
- 某项开支对于企业而言是否过于特殊？
- 该项开支是否有利于实现收益？
- 在不危害企业的前提下，是否可以将这项开支删除？
- 其他同类企业是否都存在这样的开支项目？

除了前面介绍的这些控制管理成本的方法外，企业管理者还需要掌握一些节约成本的小技巧。

◆ 员工出差乘坐飞机，尽量选择经济舱或者打折机票，去掉不必要的公费旅行费用开销。
◆ 重点控制企业办公用品功能费用开支，避免办公费用浪费。
◆ 对企业一些员工的报销单进行不定期抽查，对发生不合规开销的员工进行警告甚至罚款处理。

库存成本要如何控制

库存成本是在整个库存过程中所发生的全部费用，主要包括订货成本、购入成本、持有成本、缺货成本以及物流成本。需要注意的是，有时物流成本也可以归入订货成本或购入成本。由此可见，企业要想控制库存成本，就要将这几项成本尽可能降至最低。

下面分别对这几项成本进行说明，如表 7–7 所示。

表 7–7　库存成本内容说明

成　　本	具体介绍
订货成本	订货费用一般可以分为固定费用和变动费用两个部分。固定费用指从发出订单到收到存货整个过程中所付出的费用，如订单处理费用、运输费、保险费以及装卸费等；变动费用与订货次数有关，指发出采购订单向外部供应商购买物料而发生的费用，主要有办公费、差旅费、邮资、电话电报费等支出
购入成本	即用于购买或生产该产品所支出的费用，与购买量或生产量有关。计算公式：购入成本 = 购置数量 × 购置单价
持有成本	即为保持存货而发生的成本，通常指货物从入库到出库期间所发生的成本，包括仓储员工工资、仓库租金等
缺货成本	缺货成本是由于无法满足用户的需求而产生的损失，一般由两部分组成，一是生产系统为处理延迟任务而付出的额外费用；二是延迟交货或缺货对企业收入的影响

了解了库存成本的内容后，企业管理者还需要了解如何使存货最优化，那么就需要计算合理的进货批量，使库存成本最低。主要通过经济订货模型进行计算确定。

经济订货批量模型，又称整批间隔进货模型 EOQ 模型，是目前大多数企业最常采用的货物订购方式。该模型适用于整批间隔进货、不允许缺货的存储情形，即某种物资单位时间的需求量为 D，存储量以单位时间消耗数量 D 的速度逐渐下降，经过时间 T 后，存储量下降到零，此时开始订货并随即到货，库存量由零上升为最高库存量 Q，然后开始下一个存储周期，形成多周期存储模型。模型结构如图 7–8 所示。

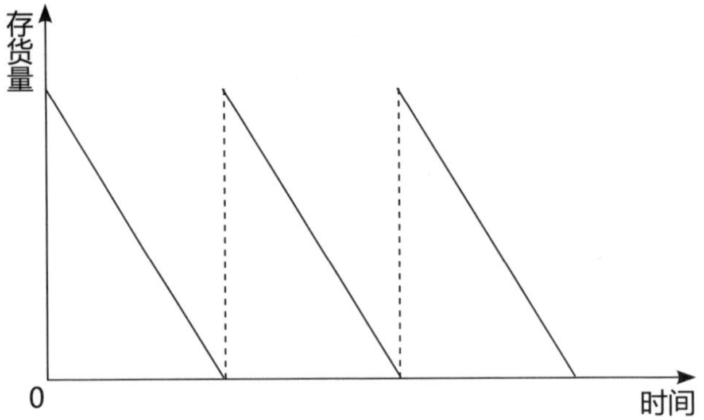

图 7-8　企业经济订货批量模型

该模型的计算公式如下：

$$EOQ=[(2\times C\times D)\div(P\times F)]^{1/2}$$

在上述公式中，EOQ 表示经济订货批量；C 表示每次的订购成本；D 表示存货每年需求量；P 表示商品的价值（即售价）；F 表示每件商品的年持有成本占商品价值的百分比。

知识延伸 | 经济订货批量模型遵循的假设

①需求率已知，为常量，年需求量以D表示；②一次订货量无最大、最小限制；③采购，运输均无价格折扣；④订货提前期已知，为常量；⑤订货费与订货批量无关；⑥维持库存费是库存量的线性函数；⑦补充率为无限大，全部订货一次交付；⑧不允许缺货；⑨采用固定量系统。

第 8 章

从财务角度指导管理者做好投融资决策

融资和投资可看成资金进与出的过程，融资时接收外部资金，而投资则是向外投入资金。企业管理者需要为企业做好融投决策，使企业的资金更加灵活，使用效率更高，给企业带来收益，让企业能够平稳且快速运营和发展。

从财务角度看项目可行性

项目可行性分析指针对项目的主要内容和配套条件，从技术、经济和工程等方面进行调查研究和分析比较，并对项目建成后可以取得的成果进行预测，从而提出该项目是否值得投资和如何进行建设的咨询意见。

管理者在进行投资决策时，需要先分析投资项目的可行性。而不同项目的投资可行性分析内容可能存在差异，但通常都包括如表 8-1 所示的内容。

表 8-1 投资项目可行性分析要点

要点	具体介绍
投资必要性	首先要做好投资环境的分析，对构成投资环境的各种要素进行全面的分析论证；其次要做好市场研究，包括市场供求预测、竞争力分析、价格分析、市场细分、定位及营销策略论证等
技术可行性	主要从事项目实施的技术角度，判断技术能否得到有效的支撑。各行业不同项目技术可行性的研究内容及深度差别很大，需要进行具体考量
财务可行性	主要从项目及投资者的角度，看财务方案的设计是否合理；从企业理财的角度进行资本预算，评价项目的财务盈利能力，进行投资决策，并从融资主体（企业）角度评价股东投资收益、现金流量计划及债务清偿能力等
组织可行性	制订合理的实施进度计划，看组织机构的设计是否合理，选择的管理人员经验是否丰富，是否建立良好协作关系和制定合适的培训计划等，保证项目顺利执行
经济可行性	从资源配置角度衡量项目价值，评价项目在实现区域经济发展目标、有效配置经济资源、增加供应、创造就业、改善环境、提高人民生活等方面是否有看得见的效益
社会可行性	分析项目对社会的影响，包括政治体制、方针政策、经济结构、法律道德、宗教民族、妇女儿童及社会稳定性等
风险因素控制可行性	对项目的市场风险、技术风险、财务风险、组织风险、法律风险、经济及社会风险等因素进行评价，看是否制定规避风险的对策，从而为项目全过程的风险管理提供依据

下面通过具体的案例来看投资项目可行性分析。

某企业为了拓展收入来源，经过企业董事会决定，向外部项目进行投资。经过多方了解发现，某汽车断油防盗器项目较为合适，于是企业对投资项目进行了调查，投资项目可行性分析报告如图 8-1 所示。

第一部分　汽车断油防盗器项目总论

一、汽车断油防盗器项目概况

- ■项目名称
- ■项目承办单位
- ■可行性研究工作承担单位
- ■项目可行性研究依据
- ■项目建设内容、规模、目标
- ■项目建设地点

二、汽车断油防盗器项目可行性研究主要结论

三、主要技术经济指标表

表 1 技术经济指标汇总表

序号	名称	单位	数值

四、存在的问题及建议

第二部分　汽车断油防盗器项目建设背景、必要性、可行性

一、汽车断油防盗器项目建设背景

[正文]

……

第十二部分　汽车断油防盗器项目风险分析及风险防控

[正文]

第十三部分　汽车断油防盗器项目可行性研究结论与建议

一、结论与建议

综上所述，该项目不仅是可行的，而且也是必要的，尽管这其中存在有诸多可预料及不可预料的经营风险和困难。但从长远发展来看，项目综合经济效益明显，前景光明，利远大于弊，能较好地满足公司今后的持续经营发展需要，有必要加快推动实施。

××企业

年　　月　　日

图 8-1　某企业项目投资可行性分析报告

完成可行性分析报告的编写后，就需要将报告上交，由企业领导进行审核，通过后方可进行下一步操作。

判断项目投资的财务效益

在投资项目分析过程中，通常使用内部收益率来分析投资项目的可行性和财务效益。内部收益率是一项投资渴望达到的报酬率，该指标越大越好。

一般情况下，内部收益率≥基准收益率时，该项目是可行的；否则，项目不可行。要想财务效益增大，就要使报酬率增加，因此，可以通过内部收益率分析企业投资的财务效益。

通常，建设项目现金流量为一般常规现金流量，而财务内部收益率的计算过程如表 8-2 所示。

表 8-2　内部收益率计算步骤

步　　骤	内　　容
步骤一	首先根据经验确定一个初始折现率。根据投资方案的现金流量计算财务净现值 NPV（i），其中 i 为基准收益率
步骤二	若 NPV（i）=0，则 FIRR=i；若 NPV（i）>0，则 FIRR 继续增大，用 i_1 表示；若 NPV（i）<0，则 FIRR 继续减小，用 i_2 表示
步骤三	重复步骤二，直到找到满足 NPV（i_1）>0 时的 i_1 和 NPV（i_2）<0 时的 i_2，其中 i_2-i_1 一般不超过 2% ~ 5%。
步骤四	利用线性插值公式近似计算财务内部收益率 FIRR。其计算公式为 $(\text{FIRR}-i_1)\div(i_2-i_1)=\text{NPV}(i_1)\div[\,\lvert\text{NPV}(i_1)\rvert+\lvert\text{NPV}(i_2)\rvert\,]$

下面通过具体的案例来看投资项目的内部收益率计算。

某企业计划向外部某企业的项目进行投资，一次性投资 200.00 万元。根据调查，企业确定基准收益率为 12%，以后的 5 年每年都有 60.00 万元的现金流，如表 8-3 所示，现在需要计算该项目的内部收益率并判断财务效益。

表 8-3　投资收益情况

项　　目	投入	第一年	第二年	第三年	第四年	第五年
现金流（万元）	−200.00	60.00	60.00	60.00	60.00	60.00

如果直接进行计算，内部收益率计算公式如下：

$$-200.00+60.00\times[(1+i)^{-1}+(1+i)^{-2}+(1+i)^{-3}+(1+i)^{-4}+(1+i)^{-5}]=0$$

直接计算就会比较麻烦，这时就可以使用步骤四的线性插值公式进行计算，确定投资收益率 FIRR。根据前面的要求，分别确定 i_1=13%，i_2=18%，然后分别计算两个报酬率的项目净现值。

$$NPV(i_1)=-200.00+60.00\times[(1+13\%)^{-1}+(1+13\%)^{-2}+(1+13\%)^{-3}+(1+13\%)^{-4}+(1+13\%)^{-5}]=11.03\text{（万元）}$$

$$NPV(i_2)=-200.00+60.00\times[(1+18\%)^{-1}+(1+18\%)^{-2}+(1+18\%)^{-3}+(1+18\%)^{-4}+(1+18\%)^{-5}]=-12.37\text{（万元）}$$

将步骤四的公式进行变形，并代入数据计算出 FIRR。

$$FIRR=NPV(i_1)\div[|NPV(i_1)|+|NPV(i_2)|]\times(i_2-i_1)+i_1$$

$$=11.03\div(11.03+12.37)\times(18\%-13\%)+13\%$$

$$=15.36\%$$

FIRR=15.36%> 基准收益率 12%，因此该项目从财务效益角度讲可行。

知识延伸｜使用Excel快速计算FIRR

在Excel中只要知道了初期投入资金和各期的现金流数据，即可使用IRR()函数快速计算各个年度内的FIRR。只需要在目标单元格中输入“=IRR()”，()内是存放数据的单元格区域，进行计算即可。以上例中的数据为例，计算结果如图8-2所示。由于计算结果存在四舍五入，因此与Excel计算结果有一定误差。

	A	B	C	D	E
1	投资金额（单位：万元）	-200		五年后的收益率	
2	预期第1年净收益	60		15.24%	
3	预期第2年净收益	60			
4	预期第3年净收益	60			
5	预期第4年净收益	60			
6	预期第5年净收益	60			

图 8-2　Excel 快速计算投资项目的内部收益率

衡量投资回报的快慢

投资回报快慢指投资项目投产后获得的收益总额达到该投资项目投入的投资总额所需要的时间（年限），可用投资回收期来表示。

投资回收期可分为静态投资回收期和动态投资回收期，分别介绍如下。

（1）静态投资回收期

静态投资回收期是在不考虑资金时间价值的条件下，以项目的净收益回收其全部投资额所需要的时间。计算静态投资回收期可以分为两种情况。

①项目建成投产后各年的净收益（即净现金流量）均相同，则静态投资回收期的计算公式如下：

$$静态投资回收期 = 原始投资额 \div 每年现金净流量$$

②项目建成投产后各年的净收益不相同，则静态投资回收期可根据累计

净现金流量求得，也就是在现金流量表中累计净现金流量由负值转向正值之间的年份。其计算公式如下：

静态投资回收期 = 累计净现金流量开始出现正值的年份数 −1

+ 累计净现金流量开始出现正值的前面年份的累计

净现金流量的绝对值 ÷ 出现正值年份的净现金流量

当计算出的静态投资回收期≤基准投资回收期时，表示项目（或方案）能在要求的时间内收回投资，是可行的。下面通过具体的案例进行计算分析。

已知某公司准备开始投资新项目，该项目第一年要一次性投入 600.00 万元，第二年要投入 900.00 万元。从第三年开始盈利，如果预估该项目每年的收益不相等，具体收益情况如表 8–4 所示，那么，投资项目的回收期又是多少呢？

表 8–4　静态投资收益情况

项　　目	第 1 年	第 2 年	第 3 年	第 4 年	第 5 年	第 6 年	第 7 年
净现金流量（万元）	−600.00	−900.00	300.00	400.00	500.00	500.00	500.00
累计净现金流量（万元）	−600.00	−1 500.00	−1 200.00	−800.00	−300.00	200.00	700.00

分析表 8–4 数据可知，该企业的投资在第 6 年时累计净现金流量变为正数，说明企业投资开始盈利。也就是说，该投资的回收期在第 5 ~ 6 年之间。具体计算如下。

静态投资回收期 =6−1+|−600.00−900.00+300.00+400.00+500.00| ÷ 500.00

=5.6（年）

该企业在考虑基准投资回收期时，则可以参考计算出的投资回收期，将基准投资回收期设置为大于静态投资回收期即符合要求，方案可行。如果事先确定了基准投资回收期，则可根据计算出的投资回收期，判断项目是否可行。

（2）动态投资回收期

动态投资回收期是把投资项目各年的净现金流量按基准收益率折成现值之后，再推算投资回收期，这就是它与静态投资回收期的根本区别。动态投资回收期就是净现金流量累计现值等于零时的年份与投资第一年之间的时间段。

动态投资回收期弥补了静态投资回收期没有考虑资金的时间价值这一缺点，使其更符合实际情况。动态投资回收期的计算公式如下：

动态投资回收期＝累计净现金流量现值开始出现正值的年数 −1+ 累计净现金流量开始出现正值的前面年份的累计净现金流量现值的绝对值 ÷ 出现正值年份净现金流量的现值

当计算出的动态投资回收期≤基准投资回收期时，表示项目（或方案）能在要求的时间内收回投资，是可行的。

下面通过具体案例来看动态投资回收期的计算方法

某公司准备开始投资新项目，该项目第一年要一次性投入 600.00 万元，第二年要投入 900.00 万元。从第三年开始盈利，如果预估该项目每年的收益不相等，预计基准收益率为 8%，具体收益情况如表 8-5 所示。那么，投资项目动态回收期又是多少呢？

表 8-5　动态投资收益情况

项　　目	第 1 年	第 2 年	第 3 年	第 4 年	第 5 年	第 6 年	第 7 年
净现金流量（万元）	−600.00	−900.00	300.00	500.00	500.00	500.00	500.00
净现金流量现值（万元）	−555.54	−771.57	238.14	367.50	340.30	315.10	291.75
累计净现金流量现值（万元）	−555.54	−1327.11	−1088.97	−721.47	−381.17	−66.07	225.68

表 8–5 中的净现金流量现值的计算公式为“净现金流量现值 = 现金净流量 × 复利现值系数”。分析表 8–5 数据可知，该企业的投资在第 7 年的累计净现金流量现值变为正数，说明企业投资开始盈利。也就是说，该投资的回收期在第 6 ～ 7 年之间。具体计算如下：

动态投资回收期 =7−1+|−555.54−771.57+238.14+367.50+340.30+315.10| ÷291.75=6.2（年）

动态投资回收期与静态投资回收期相似，都是要小于等于基准投资回收期时才能保证该投资项目可行。

如何中断亏损项目减少损失

对于企业而言，投资并非一定会盈利，也有可能出现亏损。当企业投资出现亏损时，管理者不能抱有侥幸心理而认为继续投资会再赚回来，而是应当找准时机及时中断项目，较少企业损失。

那么对于企业管理者而言，什么时候是合适的中断时机呢？以销售业务为例，这就需要结合盈亏平衡点进行判断，也就是使现金净流量为 0 时的销售水平。

计算时首先需要估算年均现金流量，然后推算出对应的收入水平，最后估算出销售量。具体的计算公式如下。

年均现金流量 = 现金流量总现值（初始投资）÷ 年金现值系数

年均现金流量 =（营业收入 – 相关现金流出 – 折旧）×（1– 企业所得

税税率）+ 折旧 =[（销售单价 – 单位变动成本）×

销售数量 – 固定成本]×（1– 企业所得税税率）+ 折旧额

以上公式中，年金现值系数为（$P/A,i,n$），i 为资本成本率或市场利率，n 为投资期限或固定资产的寿命期。下面来看具体的案例。

某企业为了更好地发展，通过董事会决定向某个从事软件研发的高级团队购买一项技术的专利权，有效期为 20 年，共计 200.00 万元，每年摊销额为 10.00 万元。

预期公司应用该技术所生产出的产品售价为 100.00 元 / 台，固定成本 50.00 元 / 台，单位变动成本 16.00 元 / 台。公司适用企业所得税税率为 15%，资本成本率为 14%。

年均现金流量 =2 000 000.00÷（P/A, 12%, 10）

=2 000 000.00÷5.65

=353 982.30（元）

将该数据代入年均现金流量公式可计算出销售量。

353 982.30=[（100.00−16.00−50.00）× 销售量]×（1−15%）+100 000.00

销售量 =8 788（台）

由此可知，当该公司利用该技术生产并销售产品达到每年 8 788 台时，10 年时间刚好收回投资。因此，当公司连续两年或两年以上的销售量都低于 8 788 台时，就应考虑中断该项目的投资，或者采取其他措施提高销售量。

预测资金需求量是融资管理的起点

前面介绍了企业投资活动的相关内容，从本节开始将介绍融资相关的内容。企业在确定要进行融资时，首先需要知道企业的具体状况，以及具体需要融资多少钱，这样才能进行下一步计划。

管理者要想确定企业的融资金额，可以通过多种方法进行分析，如市场调查法、销售百分比法以及资金习惯法等，其中较为常用的是销售百分比法，下面具体来看销售百分比法的分析步骤，如图 8–3 所示。

第一步：计算百分比

根据基期的资产、负债和所有者权益等项目的金额及基期收入额计算销售百分比，包括流动资产销售百分比、长期资产销售百分比、应付款项销售百分比和预提费用销售百分比等。

第二步：计算预期金额

根据基期的有关销售百分比和预测期收入额，分别计算预测期的资产、负债和所有者权益数额。与销售额无关的项目金额按基期金额计算，留存收益项目的预测金额按基期金额加上新增留存收益金额预计。

第三步：计算留存收益增加额

根据预测期销售收入额、净利率和留存收益率或股利支付率计算预测期留存收益的增加额。

第四步：计算融资需求

根据会计公式：外部融资需求=预计总资产–预计总负债–预计股东权益，计算外部融资需求。

图 8–3　销售百分比法分析资金需求量步骤

下面通过具体的案例进行介绍。

某公司 2019 年销售收入为 20 000.00 万元，预计 2020 年销售收入增长 10%，并有剩余生产能力。公司 2019 年销售净利润率为 2.5%，股利支付率为 80%。经预测，2020 年销售净利润率和利润分配政策保持不变。表 8–6 所示为该企业 2019 年的资产负债情况。

表 8-6　某公司 2019 年资产负债情况

资产	金额	占销售收入比重（%）	负债和所有者权益	金额	占销售收入比重（%）
货币资金	200.00	1	应付账款	2 200.00	11
应收账款	1 800.00	9	预收账款	940.00	4.7
存货	3 200.00	16	长期负债	420.00	–
固定资产净值	4 665.00	–	实收资本	2 305.00	–
			留存收益	4 000.00	–
资产总计	9 865.00	26	合计	9 865.00	15.7

在表 8–6 中，加下划线的项目指的就是变动资产和变动负债。从表中可以看出，销售收入每增加 100.00 元，必须增加 26.00 元的资金占用，但同时增加了 15.70 元的负债资金来源。增加的资金占用 26.00 元减去增加的资金来源 15.70 元，差额是 10.30 元，表示每增加 100.00 元销售收入所需增加的融资需要量为 10.30 元。因此，本例可以按 10.3% 的比例预测 2020 年销售收入增加 2 000.00 万元情况下的融资需要量。

2020 年销售增长额 =20 000.00 × 10%=2 000.00（万元）

2020 年融资需要量 =2 000.00 × 26%−2 000.00 × 15.7%=206.00（万元）

2020 年的销售收入比 2019 年增长 10%，即达到 22 000.00 万元。2020 年预测的销售净利润率和股利分配比率与 2019 年相同，分别为 2.5% 和 80%。

2020 年预计增加的留存收益 =22 000.00 × 2.5% ×（1−80%）=110.00（万元）

2020 年的外部融资需要量 = 总的融资需要量 – 增加的留存收益

=206.00−110.00

=96.00（万元）

如何计算融资成本

企业融资成本实际上包括两部分，即融资费用和资金使用费。企业在进行融资之前一定要制订出合适的融资方案。本节主要以债务融资为例，计算融资成本。

债务融资中最主要的是银行贷款融资，主要分为短期借贷和长期借贷，下面分别进行介绍。

（1）短期借款的融资成本

短期借款指时间较短，通常还款期在一年以内的银行贷款，一般不考虑货币贬值（货币的时间价值）。融资成本的计算公式如下：

融资成本 = 贷款手续费 + 贷款利息

由于银行贷款属于债务融资，其利息可以在企业所得税前列支，即可以抵扣应纳税所得额，而股权融资则不能。因此，综合考虑企业所得税后，可得融资成本的计算公式如下：

融资成本率 = 借款额 × 年利率 ×（1− 所得税税率）÷ 借款额 ×（1− 手续费费率）×100%= 年利率 ×（1− 所得税税率）÷（1− 手续费率）×100%

下面通过具体案例来看银行借款的资本成本率的计算。

某企业发展遭遇困难，于是向银行申请一年期借款 500.00 万元，借款利率为 10%，到期还本付息，借款手续费费率为 0.2%，企业所得税税率为 20%。

该企业的融资成本率 =10%×（1−20%）÷（1−0.2%）×100%=8.02%

（2）长期借款的融资成本

长期借款与短期借款相对，指超过一年或一个营业周期的银行贷款。因为融资期限较长，因此需要考虑货币的时间价值，通常采用贴现法进行计算。

贴现法的基本原理是：融资成本率等于未来还本付息的贴现值与现在的融资净额相等时的贴现率。

下面来看具体的案例。

某企业向银行申请 5 年期借款 200.00 万元，借款利率为 10%，每年付息，到期同样还本付息，借款手续费率为 0.2%，企业所得税税率为 25%。

根据贴现法的原理，分别计算未来还本付息的贴现值和现在的融资净额。

现在的融资净额 = 融资金额 ×（1− 借款手续费费率）

未来还本付息的贴现值 = 年企业所得税税后利息 ×（$P/A,C,5$）+ 还本金额 ×（$P/F,C,5$）= 融资金额 × 借款年利率 ×（1− 企业所得税税率）×（$P/A,C,5$）+ 融资金额 ×（$P/F,C,5$）

根据贴现法原理，联立两个等式。

1− 借款手续费费率 = 借款年利率 ×（1− 企业所得税税率）×（$P/A,C,5$）+（$P/F,C,5$）

代入数据得到如下等式。

$$99.80=7.50\times(P/A,C,5)+(P/F,C,5)\times100$$

通过年金现值系数表和复利现值系数表，可得：（P/A,7%,5）=4.10，（P/F,7%,5）=0.71；（P/A,8%,5）=3.99，（P/F,8%,5）=0.68。将两组系数代入公式，计算上式等号右侧的式子如下：

$$7.5\times4.10+0.71\times100=101.75$$

$$7.5\times3.99+0.68\times100=97.93$$

使用插值法进行计算。

$$(99.80-97.93)\div(101.75-97.93)=(C-8\%)\div(7\%-8\%)$$

即可算出 C=7.51%。除了银行借贷外，其他债务融资成本率的计算也可以参考这种方法。

怎样确定合理的融资方案

明确了融资成本后，相关人员还会指定相关的融资方案，且不止一个，管理者和企业领导要知道如何选择合适的融资方案。

在选择方案之前，首先需要对各个方案进行比较，选择每股收益较大的方案即可。在实际操作中，常用每股收益分析法，其原理是先找到不同融资方式下的每股收益相等的税前利润，再找到每股收益的无差别点，最后分析应当选择的方案。

下面通过具体的案例来进行讲解。

某企业的总资本为 1 000.00 万元，其中债务资本为 400.00 万元，年利息为 40.00 万元；普通股股本 600.00 万元，每股面值 1.00 元。现在因发展需要，需要追加 300.00 万元融资，存在两种可行方案。

方案①：增发普通股 100 万股，每股面值 1 元，股价 3 元。

方案②：向银行借款 300.00 万元，年利率 16%。

经测算，追加融资后，销售额将达到 1 200.00 万元，变动成本率为 60%，固定成本为 200.00 万元，企业所得税税率为 25%。

每股收益的计算公式如下：

每股收益 =[（税前利润 – 债务资本利息）×（1– 企业所得税税率）– 优先股股利]÷ 普通股股数

假设方案①和方案②的每股收益相等，获得公式。

（无差别息税前利润 – 年利息）×（1– 企业所得税）÷（普通股股数 + 增发股股数）=（无差别息税前利润 – 年利息 – 借款年利息）×（1– 企业所得税）÷ 普通股股数

将相关数据带入上述公式，即可得出无差别息税前利润为 376.00 元。

再将计算出的无差别息税前利润代入每股收益的计算公式，计算出无差别点的每股收益为 0.36 元。

预计税前利润 = 销售额 – 变动成本率 × 预计销售额 – 固定成本 =280.00（万元）

通过预计税前利润，即可计算预计每股收益。

方案①预计每股收益 =[(280.00−40.00）×（1−25%）−0] ÷ 700=0.26（元）

方案②预计每股收益 =[（280.00−40.00−300.00 × 16%）×（1−25%）− 0] ÷ 600=0.24（元）

综上可知，方案①更加合理。

时刻关注融资进度降低融资风险

企业管理者需要注意，并不是融资活动开始就可以松懈了，整个融资过程都需要进行合理管理。可以通过指派融资项目负责人，并组建专门的团队来对整个融资过程进行管理。此外，不同的融资阶段，需要注意的侧重点也不同，具体介绍如表 8–7 所示。

表 8–7　不同融资阶段的注意事项

阶　段	注意事项
筛选阶段	公司方的负责人一般为总经理或法定代表人，以及 1 ~ 2 位合伙人。总经理和其他负责人就公司的融资目的、资金需求量和融资计划等向投资机构或个人进行说明
进一步了解	双方进行第二次交流，如果双方达成共识，则进入深入调查阶段。在第二次会面时，总经理和其他负责人要展示出公司的突出优势。如果总经理在跟进融资进度时发现投资机构没有要求进行第二次会面，则需要分析原因，弄清楚投资机构是否完全没有投资意愿
深入调查	投资方开始考察公司的发展机会，与团队其他合伙人分享调查结果。该阶段中，总经理会与投资方商谈融资结构，草拟融资条款。考察结束后即进入做决定阶段，如果总经理发现投资方没有与公司商谈融资结构，也没有草拟融资条款的迹象，则需要关注投资方是否不愿意投资
做决定	双方共同召开会议，公司要把自己的商业规划展示给投资机构的所有合伙人看，投资机构觉得可以投资，且公司想要获得该投资机构提供的融资资金，双方就签订投资协议

管理者要牢记融资的九大误区

企业管理者对企业的生产经营有较大的影响，特别是在融资活动中，如果管理者对融资活动存在错误理解，则可能会导致企业的融资业务出现问题。

那么，有哪些融资误区是企业管理者需要了解的呢？具体有如表 8–8 所示的 9 点。

表 8-8　管理者要了解的融资误区

误　　区	具体介绍
股权过于分散	如果企业创始人与投资者投入资金差不多，可能导致股权分散，那么势必影响其决策效率
关注钱而忽视了投资者	要关注资金背后的投资人，关注他们的行业背景以及拥有的资源和他们投资的项目，看看是否能给企业带来真正价值
兼职创业，融到钱后再全职	兼职创业说明对自己的项目没有信心或者对自己没有信心，同时，兼职创业导致不能专注，创业无法深入，这样难以获得融资
团队没有磨合就融资	投资人看一个项目，往往需要对项目和团队进行全面的尽职调查。因此，融资方需要做好团队磨合，这样才能吸引到融资
融资前自身成本模糊	投资讲求投资回报率，因此了解所投资项目的成本至关重要。同时，对项目成本的详细测算，不仅是企业自身内部管理的必需，更是融资依据，如果成本模糊，很可能吸引不到投资者
资金难以为继时才融资	提前做好融资的准备不仅给予自己更多的选择余地和更大的议价空间，同时给投资人充足的考虑时间
同时向大量的投资人融资	大规模地找投资人融资，只能说明企业对自身的需求不清晰，也对投资人的需求缺乏了解，融资难以成功
外部股东控股	外部股东控股可能导致项目的前景迷茫，项目缺乏统一的领导，可能导致项目失败，融资成功率会相应降低
盲目乐观，估值过高	作为寻找投资的创业团队来说，能获得一个较高的估值不仅是对团队的一种肯定，更是其前进的驱动力之一。但是对于一个还没有产生收入的早期创业项目来说，其估值往往取决于发展到下一阶段的成本，因此不能盲目乐观，过高估值

第 9 章

做管理也要懂点税收知识与税务筹划

企业经营过程中可能涉及的税务较多，管理者也需要了解税务相关知识，对企业税务工作起到监督作用。此外，还需要重视企业税务筹划以及相关风险控制的工作，避免企业利益受到不必要的损失。

分清税务和税收

虽然纳税工作不是由企业管理者负责，但是管理者还是应当了解相关知识。首先需要区分税务和税收的定义，了解两者之间的差异。

- **税务**：泛指以国家政治权力为依据的税收，参与国民收入分配全过程的各项工作，包括税收方针政策的研究、制定、宣传、贯彻、执行工作；税收法律制度的建立、调整、修订、改革、完善、宣传、解释、咨询和执行工作等。
- **税收**：指国家为了向社会提供公共产品，满足社会共同需要，按照法律的规定，参与社会产品的分配，强制、无偿取得财政收入的一种规范形式。税收是一种非常重要的政策工具。

此外，征收的税种主要是维护国家权益、实施宏观调控所必需的税种（消费税、企业所得税、关税等）和关乎国计民生的主要税种（增值税）。

税务指和税收相关的事务。一般税务的范畴包括以下 4 点。

税法的概念。它是国家权力机关及其授权的行政机关制定的调整税收关系的法律规范的总称。其核心内容就是税收利益的分配。

税收的本质。税收是国家凭借政治权力或公共权力对社会产品进行分配的形式，也是满足社会公共需要的分配形式。税收具有非直接偿还性（无偿性）、强制义务性（强制性）和法定规范性（固定性）。

税收的产生。税收是伴随国家的产生而产生的。物质前提是社会有剩余产品，社会前提是有经济化的公共需要，经济前提是有独立的经济利益主体，上层条件是有强制性的公共权力。中国的税收是公元前 594 年春秋时代鲁宣公实行“初税亩”，从而确立土地私有制时才出现的。

税收的作用。税收作为经济杠杆之一，具有调节收入分配、促进资源配置和促进经济增长的作用。

知识延伸｜税收“三性”

税收与其他分配方式相比，具有强制性、无偿性和固定性的特征，习惯上称为税收的“三性”。

清楚企业的纳税人身份和适用税率

在我国，把纳税人分为增值税一般纳税人和增值税小规模纳税人。新成立的企业，如果没有选择申请认定为一般纳税人，就自动认定为小规模纳税人；一般纳税人需要去申请才能认定，认定方式有两种。

一是有固定办公场所，可以申请认定；另外一种是年销售额超过了 500 万元，也可以申请认定。企业管理者要选择企业当前登记为一般纳税人还是小规模纳税人。

除此之外，企业管理者还需要了解我国常见的税种以及适用税率的情况，进而确定企业应当缴纳的税种和税额。表 9-1 所示为我国常见的税种及其具体介绍。

表 9-1　常见税种及其具体介绍

税　　种	含　　义
增值税	以商品（含应税劳务）在流转过程中产生的增值额作为计税依据而征收的一种流转税。其税率分为 5 个等级，分别是 13%、9%、6%、3% 和 0%
消费税	是以特定消费品为课税对象所征收的一种税，属于流转税的范畴。实行价内税，只在应税消费品的生产、委托加工和进口环节缴纳。列举了 25 个征税项目，税率为 1% ~ 56%，也有定额税率
关税	引进或出口商品经过一国关境时，由政府设置的海关向其引进或出口商品征收的税收。关税的计算方式包括从价、从量、混合、选择和滑动 5 种，具体税率要根据具体货物确定
车辆购置税	对在我国境内购置规定车辆的单位和个人征收的一种税，以扣除增值税后的金额为计税价格。目前我国车辆购置税的税率统一是 10%
企业所得税	对我国内资企业和经营单位的生产经营所得和其他所得征收的一种税。企业所得税需要根据具体情况进行确定，主要有 25%、20%、15% 和 10% 4 种
个人所得税	对本国公民和居住在本国境内的个人所得和境外个人来源本国境内的所得征收的一种所得税。以 5 000 元 / 月为免征额，实行 7 级超额累进税率，3% ~ 45% 不等
资源税	以各种应税自然资源为课税对象而征收的一种税；开采中、优等资源的纳税人还要相应多缴纳一部分资源税。有比例税率和定额税率，具体参考《资源税税目税额幅度表》
城镇土地使用税	指国家在城市、县城、建制镇、工矿区范围内，对使用土地的单位和个人，以其实际占用的土地面积为计税依据，按照规定的税额计算征收的一种税。大城市 1.5 ~ 30 元 / 平方米；中等城市 1.2 ~ 24 元 / 平方米；小城市 0.9 ~ 18 元 / 平方米；县城、建制镇、工矿区 0.6 ~ 12 元 / 平方米
土地增值税	转让国有土地使用权、地上建筑物及其附着物并取得收入的单位和个人，以转让取得的收入（包括货币收入、实物收入和其他收入）扣减法定扣除项目金额后的增值额为计税依据计征的一种税。实行四级超率累进税率，有 30%、40%、50% 和 60% 这 4 种税率，分别对应 0、5%、15% 和 35% 这 4 个扣除率
房产税	以房屋为征税对象，按房屋的计税余值或租金收入为计税依据，向产权所有人征收的一种财产税。按房屋计税余值计征的，税率 1.2%；按房屋租金收入计征的，税率 12%

续表

税　　种	含　　义
印花税	对经济活动和经济交往中订立、领受具有法律效力的凭证的行为所征收的一种税。有比例税率和定额税率两种形式，比例税率在 0.05‰ ~ 1‰ 不等
车船税	指在中华人民共和国境内的车辆、船舶的所有人或者管理人按照中华人民共和国车船税法应缴纳的一种税。有 7 个征收档次，有 60 ~ 5 400 元不等的年税额标准，视具体情况而定
城市维护建设税	以纳税人实际缴纳的增值税税额和消费税税额之和为计税依据，依法计征的一种税，属于附加税。纳税人在市区的，税率为 7%；纳税人在县城、建制镇的，税率为 5%；纳税人不在城市市区、县城或建制镇的，税率为 1%
耕地占用税	对占用耕地建房或从事其他非农业建设的单位和个人征收的一种税。采用定额税率，根据人均耕地面积的大小，有 5 ~ 50 元 / 平方米不等
契税	指不动产（土地、房屋）产权发生转移变动时，就当事人所订契约按产权价的一定比例向新业主（产权承受人）征收的一次性税收。实行 3% ~ 5% 的幅度税率，各地区按实际情况确定具体税率
环保税	对污水、废气、噪音和废弃物等突出的“显性污染”进行的强制征税。采用定额税率，税目不同，对应的税率也不同，可参考《环境保护税税目税额表》
烟叶税	对在中华人民共和国境内收购烟叶的单位征收的一种税。实行比例税率，税率 20%
船舶吨税	也称“吨税”，是海关对外国籍船舶航行进出本国港口时，按船舶净吨位征收的一种税。实行定额税率，并且按相关的执照期限划分税率等级

了解企业要缴纳哪些税

作为企业的管理者，在了解税务知识时，应重点关注企业应当缴纳的税费有哪些，防止企业工作人员从中舞弊。不同性质的企业涉及的税务是不同的。

（1）生产型企业税项分析

生产型企业一般指根据社会需要来组织和安排某种商品的生产、流通或者服务等活动的企业，涉及的税项如表 9-2 所示。

表 9-2　生产型企业涉及的税项

税　　项	具体介绍
增值税	对于生产型企业而言，在原料采购阶段会涉及增值税，向销售方缴纳增值税进项税额；生产加工环节发生委托加工业务也可能涉及增值税；销售成品时，会涉及增值税销项税额
印花税	采购过程中签订的采购合同需缴纳印花税；销售过程中签订的销售合同也需缴纳印花税
消费税	企业生产的是应交消费税的特定消费品，则需要缴纳消费税；生产加工环节发生委托加工应税消费品业务也可能涉及消费税
其他税项	涉及员工工资发放需缴纳个人所得税；在生产经营过程中发生买地建厂房占用耕地或城镇土地、购置运货车辆或者转让国有土地使用权等经济事项时，需要缴纳耕地占用税、城镇土地使用税、车辆购置税、车船使用税或土地增值税等税款

在向税务机关申报缴纳税款时，企业要缴纳各种税款。其中，需要缴纳的增值税税额为当月应交增值税销项税额减去当月已发生的增值税进项税额的差额（实际缴纳增值税税额），同时还需要根据实际缴纳的增值税税额和消费税税额之和确定应缴纳的城市维护建设税和教育费附加；另外还有各会计期间合计的印花税、耕地占用税、城镇土地使用税、车辆购置税、车船税、土地增值税和代扣代缴的个人所得税等。

除此之外，在申报纳税环节，一项重要的税款是企业所得税，企业需根据当期利润总额计缴企业所得税税款。

（2）商品流通企业税项分析

商品流通企业指通过商品的购进、销售、调拨、储存（包括运输）等经营业务实现商品流转的企业。这类企业以商品进销差价为主要盈利方式，涉及的税项如表 9-3 所示。

表 9-3　商品流通企业涉及的税项

税　　项	具体介绍
增值税	对于商品流通企业而言，在商品采购阶段会涉及增值税进项税额；销售商品时，会涉及增值税销项税额
印花税	采购过程中签订的采购合同需缴纳印花税；销售过程中签订的销售合同也需缴纳印花税
其他税项	涉及员工工资发放需缴纳个人所得税；在企业经营过程中涉及商品流通，就可能涉及车辆的购置，从而涉及车辆购置税等税款的计数

在向税务机关申报缴纳税款时的缴纳方式基本相同，同样需要缴纳企业所得税。

（3）服务型企业税项分析

服务型企业指从事现行“服务业”规定的经营活动的企业。服务企业主要包括代理业、旅店业、饮食业、旅游业、仓储业以及广告业等。与制造型企业相比，服务型企业的一个最大特点就是人力资本在企业资本中的占比较高。

在企业采购环节主要涉及企业经营相关材料或设备的采购，涉及增值税进项税额；如果签订了合同，还需要缴纳印花税。

在提供劳务或服务环节，会对营业收入征收增值税，发生增值税进项税额。如果与客户签订了服务协议（实质是购销合同），则还会涉及印花税。

在经营过程中可能会购置公司用车，此时会涉及车辆购置税，使用时会涉及车船税。如果给员工发放了工资，则还会涉及为员工代扣代缴的个人所得税。

大致了解税务处理的流程

无论企业的经营性质如何，通常都需要按照一定流程缴纳税费，且流程通常是不变的。企业管理人员想要掌握企业税务情况，可以从税务处理流程入手。图 9-1 所示为一般纳税人的税务处理流程。

第一步：发票认证

对增值税发票所包含的数据进行识别、确认，信用等级为A、B、C级的与符合条件的一般纳税人取得的进项发票均可通过增值税发票税控系统网上认证。

第二步：抄税

一般纳税人通过开票软件将上月开票数据抄入报税盘（税控盘，下同）或IC卡，每月开具发票之前需要先进行抄税。

第三步：报税

将已抄至报税盘或IC卡中的开票数据报送给税务机关，可选择网上报税或上门报税。

第四步：缴税

纳税申报完成后，要根据实际应缴纳的税款填写申报表，完成缴税。分两种情况，一是企业与银行签订三方协议，直接在网上扣缴税款；二是直接使用银行卡支付。

第五步：清卡

纳税人完成报税操作，且申报表通过税务机关系统“一窗式”比对（包括比对异常处理）后，税务机关将监控数据返写至纳税人的报税盘或IC卡中，完成报税盘或IC卡解锁，使纳税人的税控开票系统在申报期后可继续开具发票。

图 9-1　一般纳税人的税务处理流程

知识延伸｜银行直接扣款纳税

纳税人、扣缴义务人在税款征收大厅银行业务窗口选择一家实行电脑联网的银行开设纳税专用账户，与其签订委托划转税款协议书。纳税人、扣缴义务人每月办理纳税申报前，专用账户至少存足当月应纳税款。纳税人、扣缴义务人只需在当地税务局规定的纳税期限内通过上门申报或邮寄、电子等申报方式将纳税申报表、代扣代缴、代收代缴税款报告表及其他有关纳税资料报送给当地税务局后，由税务局通知纳税人开设纳税专户的银行将纳税人本期应缴税金划入国库，并将税票交给纳税人。

如何使税收策略迎合企业战略目标

要使税收策略迎合企业战略目标，首先要在企业战略下制订税收目标，然后分析税收目标与企业战略的关系，接着制订企业战略目标的整体税收策略，最后达到企业税收策略的战略管理。

（1）在企业战略下制定企业税收目标

在企业战略目标下，企业税收目标主要有 3 个，分别是减轻税收负担、降低涉税风险和提高自身经济效益。

◆ 减轻企业税收负担指相对减轻，可以是减少企业的应纳税款数额，保证应纳税额与生产经营规模的比率有所降低，就能减轻企业税负，符合企业长期发展战略的要求。

◆ 降低涉税风险也就降低企业经营风险，有利于企业战略目标的实现。

◆ 提高企业自身经济效益，让税收策略帮助企业实现价值最大化。同时，企业税收策略要合法，服从于财务管理总体目标，服务于财务决策过程，遵循事前性、适用性和时效性等原则。

（2）分析税收目标与企业战略的关系

企业战略目标具有长期性和整体性的特点，与税收筹划之间是全局性规划与局部性经济行为、目标与手段的关系。

企业税收筹划服从于战略目标。税收筹划策略属于事前行为，主要是为了帮助企业实现战略目标；而战略目标属于未来结果，主要是为了给税收筹划做引导。

（3）制订企业战略目标的整体税收策略

税收筹划最终服务于企业价值最大化的整体目标，所以税收筹划要上升到企业价值创造的战略层面。

企业可以从经营税收筹划、投资税收筹划和筹资税收筹划 3 个方面着手，制订具体的税收策略。税收筹划或策略的运作情况不能简单地以税负的轻重来衡量，而要与企业价值最大化目标一致，并通过经济增加值的变化来反映税收筹划或策略的好坏。

（4）税收筹划的战略管理

税收筹划作为一种管理活动，结合企业发展战略，帮助企业达到战略目标。在税收筹划过程中，需要找出最容易实现企业的税收利益的环节进行筹划。同时，税收筹划要考虑风险管理策略的实施，可以建立内部纳税控制系统及事后做成本收益分析等。

知识延伸｜了解“零”申报

在税务机关办理了税务登记的纳税人、扣缴义务人，若当期未发生应税行为，按照规定，应向税务机关办理零申报手续，并注明当期无应税事项。

纳税申报的所属期内（如11月申报所属期为10月）未发生应税收入，也没有应纳税额，进行的纳税申报称为零申报。连续3个月零申报属于异常申报，列入重点关注对象。

了解偷税、骗税、抗税和欠税

偷税、骗税、抗税和欠税对于企业而言都是不可取的行为，会严重损害国家利益，触犯法律。因此，企业管理者需要了解这些操作的具体内容，才能在实际工作中有效避免。

（1）偷税

偷税指纳税人以不缴或者少缴税款为目的，采取伪造、变造、隐匿、擅自销毁账簿或记账凭证，在账簿上多列支出或者不列、少列收入，或采取各种不公开的手段，或者进行虚假的纳税申报等手段，隐瞒真实情况，不缴或少缴税款，欺骗税务机关的行为。

下面来看常见的企业偷税漏税手段。

- 伪造（设立虚假的账簿、记账凭证）、变造（对账簿、记账凭证进行挖补、涂改等）、隐匿和擅自销毁账簿和记账凭证。
- 在账簿上多列支出（以冲抵或减少实际收入）或者不列、少列收入。
- 不按照规定办理纳税申报，经税务机关通知申报仍然拒不申报。
- 进行虚假的纳税申报，即在纳税申报过程中制造虚假情况，比如不如实填写或者提供纳税申报表、财务会计报表及其他的纳税资料等。

（2）骗税

骗税与偷税比较，具有明显的公开欺骗性，它以公开欺骗的手段，骗得税务机关信任，非法占有国家税款，并在表面上具有合法性。

骗税主要有两种表现形式。

- ◆ 骗取减免税。
- ◆ 骗取出口退税。

（3）抗税

抗税指纳税人、扣缴义务人以暴力、威胁方法拒不缴纳税款的行为。对抗税行为，除由税务机关追缴其拒缴的税款、滞纳金外，还应依法追究刑事责任；情节轻微，未构成犯罪的，由税务机关追缴其拒缴的税款、滞纳金，并处拒缴税款1倍以上5倍以下的罚款。

（4）欠税

欠税指纳税人、扣缴义务人超过征收法律法规规定或税务机关依照税收法律、法规规定的纳税期限，未缴或少缴税款的行为。欠税数额不满1万元，尚未构成犯罪的，由税务机关追缴欠缴的税款、滞纳金，并处欠缴税款50%以上5倍以下的罚款。

纳税人欠税可能出现的法律风险。

- ◆ 纳税人欠缴应纳税款，采取转移或者隐匿财产的手段，妨碍税务机关追缴欠缴税款的，由税务机关追缴欠缴的税款、滞纳金，并处欠缴税款50%以上5倍以下的罚款。
- ◆ 欠缴应纳税款数额在1万元以上不满10万元的，处3年以下有期徒刑或者拘役，并处或者单处欠缴税款1倍以上5倍以下的罚金。
- ◆ 欠缴应纳税款数额在10万元以上的，处3年以上7年以下有期徒刑，并处欠缴税款1倍以上5倍以下的罚金。

下面来看具体案例。

【案例1】

通过调查发现，李某在3年多时间内，通过出借两户涉案企业手机代理资质，制造正常购货假象，取得虚开增值税进项专用发票。赖某等人利用票货分离、变更品名、签订虚假购销合同、伪造资金流等方式向一千多户企业虚开增值税专用发票两万份，涉及金额 35.50 亿元，税额 6.00 亿元。相关人员涉嫌偷税，已被调查。

【案例 2】

某地个体工商户张某以自身经营效益低为由，拒绝缴纳税费。征收专管员在正常执行公务过程中，遭到管辖区内的张某暴力抗拒缴税，该个体户对税务人员进行漫骂、殴打，税务人员始终做到打不还手、骂不还口。

该局执法人员经县局批准后再次到当地批发部，准备依法扣押相当价值的商品抵扣其应纳税款，张某不许，继续暴力抗法。为防止事态扩大，民警果断采取抓捕行动。

在上述两个案例中，【案例 1】中的李某等涉嫌偷税，【案例 2】中的张某涉嫌暴力抗税，两者都是违法行为，终将受到法律的制裁。企业管理者和财务人员应当引以为戒，不能为了自身的经济利益而损害国家的税收利益，最终遭受损失的将会是自己。

走出税务筹划的误区

国家税务方面的法律较为健全，一旦纳税人不依法缴税，是需要负相应的法律责任的。但是，纳税人可以通过税务筹划来进行合理的节税。不过，如今有很多纳税人对税务筹划有很多常见的误区。

误区一：只考虑节税不考虑利润

有的企业在进行税务筹划时，一味地追求节省税收，却忽略了这些方式可能在一定程度上降低企业利润，最终使得节省的税费低于损失的利润，得不偿失。税务筹划仅仅是一种经营手段，最终目的还是追求企业利益最大化。

误区二：税务筹划一定可以给企业降低税收

很多企业管理者都认为只要经过税务筹划就一定可以降低企业的税收支出。其实，这种想法是一种误区，并不是所有的税收筹划就一定可以降低企业的税收支出。

并不是所有的税务筹划都是合法且合理的，只要是不合法的，任何方法都是不可行的，而且有些筹划方法看似在前期可以为企业节省税款，但长期下来的结果可能并非节税，企业管理者一定要特别注意。

误区三：没有把税务筹划和偷逃税的概念分清楚

税务筹划是纳税人在遵守法律法规的基础上，对涉税业务进行一系列筹划，科学合理地选择税收缴纳方式的行为。税务筹划具有合法性和可操作性。

有的人认为自己进行的是税务筹划，实际上是偷税行为；而有的人不了解税务筹划，认为税务筹划没有实际用处。

误区四：只要有个好会计，就能进行税务筹划

很多企业领导把大量精力放在了企业的发展和业务拓展上，缴纳税费多了，就指责会计没有做好税务筹划。实际上，税费是在业务过程中产生的，而业务由合同决定，合同则是领导签订的，业务多了，应缴纳的税费自然会增多。

因此，企业要进行税务筹划就要从源头入手，合同怎么签、业务怎么做，都与事后的税收息息相关。税务筹划有一个筹划性和过程性，是经济行为产生税收结果之前做的一系列规划调整。

如果业务过程已经完成，产生了税收结果，再来让财务通过做账减少税金，就很容易变成偷税，而不是税务筹划，这一点需要特别注意。

了解税务筹划

虽然税务筹划越来越引起企业的重视，但是仍然有许多企业管理者对税务筹划知之甚少，这样就难以开展税务筹划工作。

税务筹划指在纳税行为发生之前，在不违反法律、法规（税法及其他相关法律、法规）的前提下，通过对纳税主体（法人或自然人）的经营活动或投资行为等涉税事项做出事先安排，以达到少缴税或递延纳税目标的一系列筹划活动。

有的企业管理者可能会质疑税务筹划的合法性，实际上税务筹划是纳税人的一项基本权利，纳税人在法律允许或不违反税法的前提下，所取得的税务筹划收益属合法收益。

税务筹划具有合法性、筹划性、目的性、风险性和专业性的特点，具体介绍如表 9-4 所示。

表 9-4 税务筹划的特点

特　　点	具体介绍
合法性	指的是税务筹划只能在税收法律许可的范围内进行。要求税务筹划遵守税法，不违反税法。纳税人可以利用对税法的熟识、对实践技术的掌握，做出纳税最优化选择，从而降低税负
筹划性	指税务筹划是发生在纳税之前，通过对经济事项进行规划、设计、安排，达到减轻税收负担的目的。由于纳税行为具有滞后性，因此存在对纳税进行事先规划的可能性
目的性	税务筹划的直接目的就是降低税负，减轻纳税负担。一种是选择低税负，降低成本；另一种是运用合理、合法的手段调节税款的缴纳时间，相当于获得无息贷款，获取货币的时间价值
风险性	税务筹划的成本和税务筹划的风险往往影响税收收益的获取。采用税收筹划方案可能增加成本；对税收政策理解不准确或操作不当，而在不知不觉中采用了导致企业税负不减反增的方案都是有可能的
专业性	税务筹划如果只由财务、会计专业人员进行，难免显得力不从心。税务代理、税务咨询等第三产业便应运而生，税务筹划向专业化的方向发展

在进行税务筹划时，企业首先需要考虑的是切入点。税务筹划是利用税法客观存在的政策空间来进行的，这些空间体现在不同的税种上、不同的税收优惠政策上、不同的纳税人身份上及影响纳税数额的基本税制要素上，因此应该以这些为切入点。

选择筹划空间大的税种。很多企业在进行税务筹划时不注重税种选择，收效甚微。要选择对决策有重大影响的税种作为税务筹划的重点；另外，也可选择税负弹性大的税种作为税务筹划的重点，税负弹性越大，税务筹划的潜力也越大。税负弹性取决于税种的要素构成，要素越多，税收优惠越多，税负就越轻。

以税收优惠政策作为切入点。企业如果充分利用税收优惠条款，就可享受节税效益。选择税收优惠政策作为税务筹划突破口时应注意，一是不得曲解税收优惠条款，以欺骗手段骗取税收优惠；二是应充分了解税收优惠条款，并按规定程序进行申报，避免因程序不当而失去应有权益。

以纳税人构成作为切入点。不同的纳税人需要缴纳的税款是不同的，企业进行税务筹划之前，首先要考虑能否避开成为某税种的纳税人，从而从根本上解决减轻税收负担的问题。例如在某些情况下一般纳税人更有利，可以考虑认定为一般纳税人。在实践中，要全面综合地考虑，进行纳税人身份的利弊分析。

不同财务管理环节和阶段进行筹划。在企业的筹资管理、投资管理、资金运营管理和收益分配管理各阶段都可以进行税务筹划。例如投资管理阶段，选择投资地点时，选择在低税率地区，如实施新企业所得税法以前可以选择沿海开发区、高新技术开发区、国家鼓励的西部地区等，会享受到税收优惠。

知识延伸 | 进行税务筹划需要掌握的内容

税务筹划是一项较为专业的工作，一不注意就可能违法。因此税务筹划之前，需要了解以下内容：①税务管理和筹划的相关知识；②税务筹划的各种技术手段；③企业战略决策中的税务管理与筹划方法；④企业日常经营管理中的税务管理与筹划方法；⑤分税种的税务管理与筹划方法；⑥各税种的最新政策变化。

了解税务筹划需要遵循的原则

很多企业为了提高经济效益，都在开展税务筹划。然而很多企业的税务筹划工作并不理想，因为在进行税务筹划时并没有遵循相关原则，导致筹划工作存在问题。下面具体来看税务筹划工作的基本原则，如图 9-2 所示。

合法合理性原则

纳税筹划之所以与偷税漏税有区别，正是因为其遵守了国家相关法律，存在合理合法性。一旦触犯法律，将会得不偿失。

事前性原则

事前性原则指筹划之前要把交易规划好，然后按照规划好的交易去做税务筹划，而不是等把业务做完，合同也签完才考虑节税。

风险可控原则

在企业做税务筹划过程中，一定要在风险预控的前提下做好税务筹划，解决税务问题是其次，重在风险预控。

全局性原则

企业要从全局出发考虑税务筹划，有时进行税务筹划后税务成本降下来了，但是企业自身又出现了其他问题。所以做税务筹划时要从企业生命周期和宏观政策等方面出发，运用企业财富安全管理集成系统去做税务筹划。

成本效益原则

企业管理者需要注意，税务筹划也是有成本的，在税务筹划之前需要考虑筹划成本与效益的关系，毕竟企业都是为了获取收益。例如进行税务筹划的成本为60.00万元，而进行税务筹划后节税金额为10.00万元，这样的税务筹划显然就很不划算。

图 9-2　税务筹划需要遵循的原则

税务筹划工作的专业性要求较高，受国家税法保护，企业进行税务筹划时应遵循以上原则，进行合理筹划，不能违规、违法。

掌握税务筹划的风险以及防范方法

税务筹划风险指税务筹划活动受各种原因的影响而失败的可能性。管理者在管理实际税务筹划工作时，要注意相关风险，同时掌握防范风险的方法。

（1）了解税务筹划的风险

税务筹划的风险主要包括政策风险、税务行政执法偏差风险以及投资扭曲风险。

政策风险。主要分为政策选择风险和政策变化风险。政策选择风险即企业对相关政策不够了解，导致错误选择政策，最终使企业遭受风险；国家为了统筹管理，可能会对政策进行调整或取消，这就可能对企业的税务筹划产生影响。

税务行政执法偏差风险。税务行政执法人员的素质参差不齐和受其他因素影响，可能存在税收政策执行偏差。如果企业的税务筹划方法被税务机关认定为偷税或避税，可能会被税务机关处罚，从而付出较大的代价。

投资扭曲风险。指投资者因国家征税政策而盲目改变其既定的投资方向，这种情况就是投资扭曲风险。这种风险源于税收的非中立性，非中立性越强，投资扭曲风险越大，相应的扭曲成本也就越高。

（2）防范税务筹划风险的方法

由于税务筹划是在税法规定的边缘操作，其风险无时不在，企业管理者却常常忽视这种风险，致使税务筹划收效甚微，甚至失败。因此，企业不仅要重视税务筹划的方法，更要重视税务筹划的风险及其防范，具体介绍如表 9-5 所示。

表 9-5 防范税务筹划风险的方法

方　法	具体介绍
建立风险控制机制	①税务筹划风险属于潜在风险，因此要做事前控制，加强税务筹划人员素质教育，包括加强税务筹划信息管理，保证筹划方案有效实施。 ②做好事中控制，注重整合税务筹划目标与财务管理目标，加强与税务机关的沟通，树立自身良好形象，从而防范风险。 ③加强事后控制，做好绩效评估，对企业整个纳税活动进行有效的控制和监管，方便总结经验，吸取教训
规范会计核算基础工作	依法设立完整规范的财务核算体系，建立完整的会计信息披露制度，正确进行会计核算才是企业进行税务筹划的基本前提。管理创新必须能保证企业正确的核算和符合税收政策的规定
贯彻成本效益原则	只有在充分考虑筹划方案中的直接成本和隐含成本的条件下，当税务筹划成本小于所得的收益时，该项税务筹划方案才是合理的和可以接受的，毕竟企业经营的最终目的是实现企业整体利益最大化
完善内部管理控制制度	企业会计核算中不相容业务必须分离，要进一步提高会计核算整体水平和会计信息质量，切实加强对企业内部的管理控制。一个好的内部控制制度可以从根本上防止失真会计信息的产生，从而避免税务筹划风险的发生

第10章

防范和控制财务风险是管理者的职责

财务风险是企业经营过程中难以避免的，企业管理者要善于分析和发现企业存在的财务风险，并且及时进行风险分散或预防，避免给企业造成不良影响甚至严重的经济损失。

了解财务风险的类型有哪些

企业财务风险指在各项财务活动过程中，由于各种难以预料或控制的因素影响，财务状况具有不确定性，从而使企业有蒙受损失的可能性。

那么对于企业管理者而言，应当如何判断企业是否存在财务风险呢？企业出现财务风险主要有以下 3 个方面的表现，如图 10-1 所示。

企业财务风险的主要表现

- 由于负债经营以定期付息、到期还本为前提，如果企业用负债进行的投资不能按期收回并取得预期收益，企业必将面临无力偿还债务的风险，其结果不仅导致企业资金紧张，也会影响企业信誉，甚至还可能因不能支付而面临破产。
- 企业在负债期间，由于通货膨胀等影响，贷款利率发生增长变化，利率的增长必然增加企业的资金成本，从而抵减了预期收益。
- 负债经营使企业负债比率加大，相应地对债权人的债权保证程度降低，这在很大程度上限制了企业从其他渠道增加负债筹资的能力，企业可能面临资金周转不灵的问题。

图 10-1　企业财务风险的主要表现

了解了企业财务风险的具体表现后，企业管理者还需要了解财务风险的基本类型。

◆ **筹资风险**：指的是由于资金供需市场、宏观经济环境的变化，企业筹集资金给财务成果带来的不确定性。筹资风险主要包括利率风险、再融资风险、财务杠杆效应、汇率风险和购买力风险等。

- **投资风险**：指企业投入一定资金后，因市场需求变化而使最终收益与预期收益偏离的风险。对外投资主要有直接投资和证券投资两种形式。投资风险主要包括利率风险、再投资风险、汇率风险、通货膨胀风险、金融衍生工具风险、道德风险以及违约风险等。
- **经营风险**：又称营业风险，指在企业的生产经营过程中，供、产、销各个环节不确定性因素的影响导致企业资金运动的迟滞，产生企业价值的变动。经营风险主要包括采购风险、生产风险、存货变现风险以及应收账款变现风险等。
- **存货管理风险**：企业保持一定量的存货对于其进行正常生产来说是至关重要的，存货太多会导致产品积压，占用企业资金，风险较高；存货太少又可能导致原料供应不及时，影响企业的正常生产，严重时可能造成对客户的违约，影响企业的信誉。
- **流动性风险**：指企业资产不能正常和确定地转化为现金或企业债务以及付现责任不能正常履行的可能性。

财务风险的成因是什么

企业财务风险产生的原因有很多，既存在企业外部的原因，也包括企业自身的原因。此外，不同的财务风险其形成原因也不尽相同。企业产生财务风险的一般原因有以下几点。

- 企业财务管理宏观环境的复杂性

宏观环境的复杂性是企业产生财务风险的外部原因，企业财务管理的宏观环境复杂多变，使得企业管理系统不能很好地适应环境。

财务管理的宏观环境包括经济环境、法律环境、市场环境、社会文化环境以及资源环境等，这些因素存在企业之外，但对企业财务管理产生重大的影响。

◆ 财务管理人员对财务风险认识不足

对于企业而言，最容易发现企业财务风险的往往是财务管理人员。然而在现实工作中，许多企业的财务管理人员缺乏风险意识。风险意识的淡薄是财务风险产生的重要原因之一。

◆ 财务决策缺乏科学性

财务决策失误是产生财务风险的主要原因之一。避免财务决策失误的前提是财务决策的科学性。

◆ 企业内部财务关系不明

企业内部财务关系不明也是企业产生财务风险的重要原因之一，企业与内部各部门之间及企业与上级企业之间，在资金管理及使用、利益分配等方面如果存在权责不明、管理不力的现象，就很可能造成资金使用效率低下，资金流失严重，资金的安全性、完整性无法得到保证。

如何分析和评估企业风险

了解了企业可能面临的财务风险后，接下来就需要对风险进行具体分析，找出风险应当引起注意的要点。

风险分析主要从风险发生的可能性和对公司目标的影响程度两个角度来

分析。使用到的分析方法一般为风险矩阵分析法（简称 LS），该方法表达式如下：

$$R=L \times S$$

R 是风险值；*L* 是事故发生的可能性；*S* 是事故后果严重性。*R* 值越大，说明危险性越大、风险越大。

在使用风险矩阵分析法进行风险分析时，首先按照风险发生的概率将其分为 5 类："极高""高""中""低"和"极低"。分类依据主要包括以下 3 点。

- **与风险相关的资产的变现能力**（主要指变现难易程度）：如果资产变现能力越强，则风险发生的概率越低，反之，风险发生的概率越高。
- **经营管理中人工参与的程度**：凡是人工参与程度越高，而自动化程度越低，则风险发生的概率就越高，反之，风险发生的概率就越低。
- **经营管理中是否涉及大量的、繁杂的人工计算**：凡是涉及大量的、繁杂的人工计算，风险发生的概率就高，反之，风险发生的概率就低。

其次，风险影响程度分析主要指风险对目标实现的负面影响程度，一般将风险对目标实现的影响程度分为 5 类："极大""大""中""小"和"极小"。在进行影响程度分析前，必须明确风险分析相对应的目标是什么。

- 如果风险对于目标的实现，将会产生直接的、决定性的影响，就属于风险影响程度"大"。
- 如果风险对于目标的实现，只是产生间接、非决定性的影响，就属于风险影响程度"小"。

最后，根据风险发生的可能性和对企业目标的影响程度来确定企业的整体风险状况。

下面通过具体的案例来看风险矩阵分析法的使用。

某企业是一家从事建筑工程建设的企业，企业在运行过程中希望能够对自身风险进行预防，于是企业管理者组织相关人员进行风险评估。使用风险矩阵分析法，分别将风险发生的可能性和对企业目标的影响程度进行量化，以 1、2、3、4 和 5 分别表示风险逐渐增加。

表 10–1 所示为事故发生的可能性（*L*）判定准则。

表 10–1　事故发生的可能性（*L*）判定准则

等级	标　　准
5	在现场没有采取防范、监测、保护、控制措施，或危害的发生不能被发现（没有监测系统），或在正常情况下经常发生此类事故或事件
4	危害的发生不容易被发现，现场没有监测系统，也未组织过任何监测或在现场采取控制措施，但未有执行或控制措施不当或危害发生
3	没有保护措施；或未严格按操作程序执行；或危害的发生容易被发现（现场有监测系统），或曾经做过监测，或过去曾经发生类似事故或事件
2	危害一旦发生能及时发现，并定期进行监测；或现场有防范控制措施，并能有效执行；或过去偶尔发生事故或事件
1	有充分、有效的防范、控制、监测、保护措施；或员工安全、卫生意识相当高，严格执行操作规程；或极不可能发生事故或事件

表 10–2 所示为事件后果严重性（*S*）判定准则。

表 10–2　事件后果严重性（*S*）判定准则

等级	标　　准
5	违反法律、法规和标准；造成死亡；损失 50.00 万元以上；产生重大国际影响
4	潜在违反法规和标准；劳动力丧失；损失 20.00 万元以上；产生行业内重大影响
3	不符合企业规定、制度；截肢、骨折等；损失 1.00 万元以上；产生地区影响
2	不符合企业安全操作程序、规定；轻微受伤；损失 1.00 万元以下；产生企业及周边影响
1	完全符合；无伤亡；无损失；企业形象未受损

根据前面介绍的风险矩阵分析法的表达式，安全风险等级判定准则（*R*）

及控制措施如表 10-3 所示。

表 10-3　安全风险等级判定准则（R）及控制措施

风险值	风险等级	管控措施	实施期限
20 ~ 25	极其危险	在采取措施降低危害前，不能继续作业，需对改进措施进行评估	立即
15 ~ 16	高度危险	采取紧急措施降低风险，建立运行控制程序，定期检查、测量及评估	立刻或近期整改
9 ~ 12	显著危险	可以考虑建立目标、操作规程，加强培训及沟通	两年内治理
1 ~ 8	轻度危险	可考虑建立操作规程、作业指导书，但需定期检查	有条件或有经费时治理

表 10-4 所示为风险矩阵表。

表 10-4　风险矩阵表

事故发生概率	5	轻度危险	显著危险	高度危险	极其危险	极其危险
	4	轻度危险	轻度危险	显著危险	高度危险	极其危险
	3	轻度危险	轻度危险	显著危险	显著危险	高度危险
	2	轻度危险	轻度危险	轻度危险	轻度危险	显著危险
	1	轻度危险	轻度危险	轻度危险	轻度危险	轻度危险
		1	2	3	4	5
		事故后果严重性				

做好内部审计工作，防范经营风险

内部审计是由部门、单位内部专职审计人员进行的审计，目的在于帮助部门、单位的管理人员实行最有效的管理。内部审计与外部审计相配合并互为补充，健全的内部审计制度可为外部审计提供可信赖的资料，减少外部审计的工作量。

内部审计主要包括财务审计、经营审计、管理审计以及风险管理等，这里主要介绍财务审计的相关内容。

（1）企业内部财务审计的特性

管理者了解内部财务审计，首先需要知道内部财务审计的特性，具体介绍如下。

◆ 内向性

集团企业内部的财务审计通常由集团财务部门、稽核（审计）部门组织人员完成。内部审计的目的在于促进集团内部公司经营管理水平和经济效益的提高，因而内部财务审计既要提供监督、评价，更要提供咨询、服务。

◆ 审计程序相对简化

由于内部财务审计人员对本集团的情况比较熟悉，在组织实施审计的工作时，审计程序可以相对简化。

一是内部财务审计计划可根据实际情况制订；二是内部财务审计针对性比较强，许多资料和调查都可以依赖内部审计人员平时积累的经验。

◆ 灵活性

内部财务审计形式多样、灵活，既可进行例行内部财务审计，又可以进行内部财务专案(专项)审计；既可进行事后审计，又可进行事前(事中)审计。

内部财务审计人员既可以根据需要，及时开展内部财务审计；还可以通过日常了解，及时发现下属公司管理中存在的问题或问题的苗头，积极采取应对措施，纠正已经出现的问题和防范可能出现的问题。

（2）实施内部财务审计的作用

虽然很多企业都在实施内部审计，但是许多企业管理者并不知道内部财务审计的作用。下面具体来看内部财务审计的作用，如表 10–5 所示。

表 10–5　内部财务审计的作用

作　用	具体介绍
监督	内部财务审计从分析下属公司各项财务数据入手，审查下属公司在经营过程中是否有违章、违规行为发生，将已发生或潜在的风险及时提示出来，进而对制度的合理性进行审查。审查制度的实时性、适用性、完善性，对一些不合理的、过时的、与业务发展不相匹配的制度予以修改、完善
评价	内部财务审计从评价内部控制制度入手，在企业经营管理的各个环节查找管理漏洞，识别并防范可控风险。审计人员还要加强对下属公司经营动态的实时跟踪，加强与下属公司的沟通与联系，定期分析指标来锁定疑点、洞察异常现象，从而评价内部审计工作的结果
控制	内部财务审计作为企业控制管理系统中的一个重要组成部分，是内部控制的再控制。内部财务审计对企业的经济活动实行有效管理，并检查内部控制程度和效果，提出管理中存在的不足和问题并加以改进
促进	内部财务审计通过对有关财务数据对比分析，揭示差异，分析差异形成的原因，评价经营业绩，总结经济活动的规律，从中揭示未被充分利用的人财物的内部潜力，从而提出改进措施，可以极大地促进经济效益的提高

（3）内部财务审计的实施

了解了财务内部审计的相关内容后，审计工作的实施也是需要管理者了解的，这样才能更好地对审计过程进行管控。具体介绍如表 10–6 所示。

表 10–6　内部财务审计的实施过程

步　骤	说　明
制订审计计划	在进行内部财务审计前，根据企业的实际情况，结合年度财务计划，拟订审计计划。审计计划报领导批准后，即下发《内部财务审计通知书》，一般应包含审计的目的、范围、方法和审计人员、审计时间。被审计单位填好回执后交审计人员作为审计底稿

续表

步　骤	具体介绍
审计具体实施	审计人员应主动和被审计单位相关人员沟通，请被审计单位准确、及时、完整地提供预决算、合同协议、会计凭证和各类账簿等资料。审计人员要及时编好审计底稿；需要时，还要请被审计单位有关部门和人员提供相关证明材料
审计终结	内部财务审计的现场审计结束后，审计人员及时对工作底稿进行整理，形成《与被审计单位交换意见书》，就审计中发现的问题及拟处理意见，和被审计单位交换意见。审计人员在审计底稿、《与被审计单位交换意见书》等资料的基础上形成最终的审计报告
后续工作	内部财务审计结束后，审计人员应持续关注被审计单位对审计出问题的事项的整改和纠正情况，以及被审计单位对改进管理要求、完善制度建议的采纳情况。必要时，进行后续内部财务审计工作

以风险控制为导向，建立内部审计制度

对于一个有秩序的企业，生产经营的每一个过程都离不开有效控制。然而，实际工作中许多管理者不注重控制，即使企业管理者做好了管理，提高了管理意识，也难以避免一些突发状况对企业造成的不良影响。

企业要做好风险控制，内部审计的实施尤为重要，内部审计就是风险控制手段之一。管理者需要了解企业的战略目标和内控制度，发现企业潜在的危险，并对风险控制效果进行测试，找到控制的漏洞，提出合理建议，逐步完善企业的风险控制体系。

审计工作就是通过对企业开展风险评估工作，了解企业面临的主要经营风险，从而在审计测试阶段对经营环节和交易环节进行科学测试，全面客观地评价企业风险控制现状。企业管理者在以风险控制为导向建立内部审计制度时需要注意以下问题。

- 在建立内部审计制度时要紧扣风险控制的工作思路。
- 在开展审计工作的整个过程中，要充分考虑风险控制，以风险控制为出发点和落脚点。
- 内部审计制度主要是对内部审计工作进行规范和指导，通过内部审计工作能够对风险控制的有效性进行具体评估，最后对经营风险进行预测。

下面具体来看某企业的内部审计制度的部分内容。

××企业内部审计制度

第一章 总则

第一条 为了提高内部审计工作质量、加大审计工作力度、明确审计工作职责以及规范审计工作程序，根据《中华人民共和国审计法》《中华人民共和国内部审计条例》《审计署关于内部审计工作的规定》《中华人民共和国内部审计准则》和《中小企业板上市公司内部审计工作指引》等法律法规的有关规定，结合公司实际，特制定本制度。

……

第四条 本制度适用于公司本部及下属分公司、控股子公司。

第二章 审计机构与审计人员

第五条 依据完善公司治理结构和完备内部控制机制的要求，公司设立审计部，审计部是公司的内部审计机构，在董事会审计委员会指导下独立开展审计工作。审计部对董事会审计委员会负责，向审计委员会报告工作。各下属分、子公司中财务收支金额较大或所属单位较多的公司应设立独立的内审机构，其他业务较少的公司，可以设置专职内部审计人员。

……

第七章 奖惩

第三十五条 违反国家法律法规、公司管理制度和本管理制度，有下列行为之一的单位和个人，根据情节轻重，审计部提出处罚意见，报公司批准后执行。

1. 拒绝提供有关文件、凭证、账簿、报表资料和证明材料的。

2. 阻挠审计人员行使职权，抗拒、破坏监督检查的。

……

第八章 附则

第三十八条 本制度由董事会负责解释和修订。

第三十九条 本制度经董事会批准后生效，修改时也相同。

从案例可以看出，企业内部审计制度需要根据相关法律法规规定，并结合企业的实际情况进行制定，且企业的审计制度应当对企业的各下属企业都适用。

此外，企业管理者需要知道执行企业的内部审计制度，究竟需要做哪些工作。

◆ 检查、监督和评价内部会计控制制度，尤其是其中的内部牵制制度的健全性、恰当性及有效性，监督其运行，并提出改进建议。

◆ 检查、监督和评价财务及经营信息。具体包括用于确认、计量、分类和报告该类信息的措施，以及对某些项目的具体查询，包括详细测试交易、金额和范围。

◆ 检查、监督和评价经济活动的经济性、效率和效果，包括单位的非财务控制。

◆ 检查、监督和评价对法律、规定和其他外部要求的遵循情况，以及对管理当局政策、指令和其他内部要求的遵循情况。

管理者要懂得多元投资，分散风险

面对企业的财务风险，企业管理者要想办法进行控制或规避。除此之外，分散财务风险也是化解企业财务风险的办法之一。

多元化投资指投资者（企业）在不同的领域、不同的产业（行业）开展投资业务，或在同一产业中投资生产不同的产品，用以扩大业务范围，开展多元化经营。多元化投资是企业增加收益机会、分散经营风险的必由之路，也是现代企业经营发展的一种趋势。

多元化投资就是把投资分散，达到增加成功的系数和降低投资风险的目的。一种常见的说法就是：鸡蛋不要放在一个篮子中。

下面来看多元化投资的特点，如图 10-2 所示。

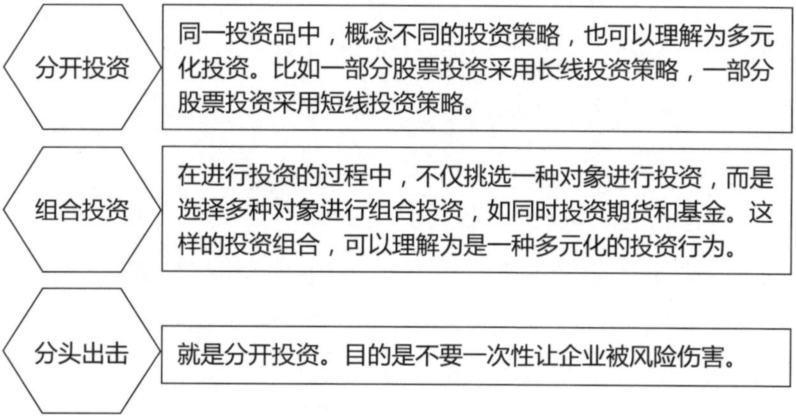

图 10-2　多元化投资的特点

对于企业而言，由于市场具有不确定性，所以可以采用多种经营方式，即同时经营多种产品，从而实现分散风险的目的。即使一种产品出现亏损，也不会影响到其他产品；而且其他产品正常销售还可以为企业弥补相应的亏损，减少企业损失。

下面通过具体的案例来看多元化投资如何分散财务风险。

某企业早年为了提高品牌知名度，只生产冰箱一种产品，通过几年的努力，逐步建立起品牌的声誉与信用。但商场如战场，局势在不断变化。随着冰箱在人们生活中的普及，需求接近饱和状态，销量开始下滑。

为了开拓出新的销路，转变单一的生产模式，走出经营难以为继的窘境，企业总经理与管理者们商议，开展多元化经营的市场策略。

企业经过调查研究发现，经营范围可从电冰箱扩展到电冰柜和空调。由于之前积累的良好口碑和品牌形象，使得该企业的销售收入实现快速增长，名列行业前茅。

为了进一步促进企业发展，后来企业继续进行业务拓展，一次性投入500.00万元，并收购了相应企业的专利技术，拓展了微波炉、热水器以及电熨斗等领域，使得企业得到快速发展。

在这之后，即使企业的某一行业销售情况不景气，出现亏损，其他行业也可以起到弥补的作用。这样在一定程度上降低了企业的财务风险，有利于企业稳定发展。

由此可知，企业多元化经营的核心是资源共享和风险分散，所经营的多种产品之间的关联度尽可能高，生产技术的协同性也会更强。但要注意，进行多元化经营除了要具备人、财、物和信息等经营资源基础条件，还需具备技术市场和管理水平等方面的条件。

通过哪些征兆可以预见危机

作为企业的管理者，需要提高自身风险防控能力和敏感度，时刻关注企业可能存在的危机。许多企业危机发生之前，都会有一些征兆，这也就是危机爆发前的预警信号，企业管理者应当高度重视。

下面具体介绍哪些征兆可以帮助企业管理者提前预见危机，以便及时采取应对措施。

财务指标恶化。管理者在分析企业发展状况、财务状况等时，会使用到各种指标，如果企业当前的指标值接近临界值，就说明财务指标在恶化，企业肯定存在危机。

客户投诉、索赔激增。这一现象非常重要，它表示企业当前的产品和服务质量在下降，说明企业生产或服务出现较大问题，也可能是市场出现问题。

销售额持续下降。企业的销售额下降则表明企业效益在下降，也有可能是所在行业正在萎缩。

公开发布的负面信息。投资者和销售者通常都会接收到市场公开发布的信息，例如来自电视、网络以及报刊等的信息。特别是关于企业的负面信息，可能引起投资者和消费者对企业丧失信心，影响企业发展。

市场中的谣言。对企业产品或服务不满的客户可能会出于报复心理散播对企业不好的谣言。此外，同行业竞争者也可能散播诋毁企业的言论，这些都有可能对企业造成不好的影响。

企业产品或服务存在缺陷。企业销售的产品因为设计上存在问题而影响用户体验，或是生产过程中存在瑕疵，都有可能导致客户不满；此外，企业提供的服务好坏也会影响消费者对企业的看法。这些都会影响企业的经营与发展。

过分追求多元化或业务扩张。企业的多元化发展和快速扩展虽然会使企业得以扩张，但是也有可能因为企业扩张过快，导致超出企业的承受能力，反而降低企业的营运能力。

关联企业濒临倒闭。所谓关联企业，指与其他企业之间存在直接或间接控制关系或重大影响关系的企业。关联企业濒临倒闭，说明其存在问题，可能使企业陷入危险境地。

产品滞销或库存积压。产品滞销通常有3个原因，分别是产品无法满足消费者需要，消费者不愿购买此产品；企业的营销能力存在问题，无法很好地将产品销售出去，造成库存积压；产品的性价比不高，无法在同类产品中脱颖而出。因此，出现产品滞销或库存积压时，就需要思考如表10-7所示的两个原因。

表10-7　导致产品滞销或库存积压的原因

原　　因	具体介绍
成本大幅上升	产品滞销、库存积压会使成本上升导致企业的利润减少。因此企业需要注意成本的变化情况，避免因生产成本突增导致企业出现亏损
产品主要市场丧失	由于市场需求在不断变化，消费者对产品的各方面要求也在不断提升，因此如果企业在发展过程中没有充分考虑市场需求，就有可能导致生产的产品与市场需求不符，从而失去主要的市场，造成产品滞销或库存积压

慧眼甄别财务报表的虚假信息

财务报表造假是一种故意误导财务报表使用者的行为，可能影响企业的正常决策，给企业带来损失。因此企业管理者需要了解财务报表造假的相关内容，做到能够识别财务报表虚假信息。

甄别财务报表是否存在造假现象的具体方法主要有以下几种，如表 10-8 所示。

表 10-8　甄别财务报表造假的方法

方　法	具体介绍
分析性复核法	通过分析被审计单位重要的财务比率或趋势，包括调查这些比率或趋势的异常变动及其与预期数额和相关信息的差异而获取初步审计线索的方法。在进行分析性复核时，常用简易比较法、比率分析法等
虚拟资产剔除法	虚拟资产剔除法的目的是准确反映企业的资产规模和经济实力，通过把虚拟资产从资产总额中剔除，分析者就可以得到相对真实可靠的财务数据，为投资决策提供有力的支持。当采用虚拟资产剔除法分析得出的结论与没有剔除虚拟资产所分析的结论大相径庭时，说明企业极有可能采用虚拟资产挂账等手段来粉饰财务报表
应付应收账款鉴别	识别利用应收和应付款调节利润的基本方法是分析应收、应付账款质量的有效措施，特别应注意年末应收账款的变化情况。管理者特别需要注意两点，分别是年底突然产生的与应收账款相对应的营业收入和企业的“高龄”应收账款
审计意见分析法	在阅读企业的财务报表时，要对审计报告及管理层对此所作的说明特别关注，因为这些报告往往暗示着企业是否存在严重的财务问题
状况证据分析法	也称为环境分析法，指分析企业的内部环境和外部环境，以及这些环境因素对企业生产经营的影响力和可能出现的种种后果，尤其是各种环境和种种因素发生变化给企业带来何种影响，从而找出可能存在的影响财务报表真实性的环境证据，进而做出判断

续表

方　法	具体介绍
关联交易剔除法	指分析者从财务报表附注中披露的关联交易等内容中，将来自关联企业的营业收入和利润总额从企业利润中予以剔除，将从关联方所得的资产赠予事先产生的资本公积从资产负债表的所有者权益中剔除，进而分析某一特定企业的盈利能力在多大程度上依赖于关联企业，以判断这一企业的盈利基础是否扎实、利润来源是否稳定
财务报表附注法	财务报表附注分析法主要是分析财务报表附注的主要内容，以此来辨别财务报表信息的真伪。财务报表附注分析主要需要分析企业基本情况、主要会计方法及变更原因、相关企业信息、财务报表主要项目注释以及其他事项说明等

企业管理者在面对财务报表数据时要格外谨慎，对各项财务数据要仔细分析，发现其中存在的问题，避免因为数据不真实导致企业决策出现问题，给企业生产经营造成负面影响和经济损失。

第11章

了解并购、重组、破产、清算中的财务问题

并购、重组、破产和清算都是企业经营过程中可能发生的重大事件，也是企业管理者需要掌握的管理内容。这些事件中涉及的财务问题更是企业管理者需要重点了解的。

了解企业并购的形式

并购指两家或者更多的独立企业合并组成一家企业，通常由一家占优势的企业吸收一家或者多家企业。并购的内涵非常广泛，一般指兼并和收购。

并购的实质是在企业控制权运动过程中，各权利主体依据企业产权做出制度安排而进行的一种权利让渡行为。无论是企业要并购其他企业或是要被其他企业并购，管理者了解并购形式，有助于找到有利于自身的并购方式。

根据不同的划分标准，可以将并购方法划分成不同类别，具体介绍如表11-1所示。

表11-1　并购方式的不同分类

划分依据	并购方式	具体介绍
行业关系	横向并购	即水平并购，指并购双方处于相同或横向相关行业，生产经营相同或相关产品的企业之间的并购。便于形成集约化经营，产生规模效益；但容易破坏自由竞争，形成高度垄断的局面
	纵向并购	即垂直并购，指生产和销售过程处于产业链的上下游、相互衔接、紧密联系的企业之间的并购。有助于减少市场风险，节省交易费用，同时易于设置进入壁垒；但企业生存发展受市场因素影响较大
	混合并购	指一个企业与那些和自己生产的产品有不同性质和种类的企业进行的并购行为，其中目标企业与并购企业既不是同一行业，又没有纵向关系。混合并购往往会导致多元化经营，有助于降低经营风险，也可以降低企业进入新的经营领域的困难，增加了进入新行业的成功率

续表

划分依据	并购方式	具体介绍
是否取得企业同意	善意并购	亦称友好并购，指优势企业事先与目标企业进行协商，征得其同意并谈判达成并购条件的意见一致而完成并购活动的并购方式。善意并购有利于降低并购行为的风险与成本，使并购双方能够充分交流、沟通信息，目标企业需主动向并购企业提供必要的资料
	恶意并购	通常指并购方不顾目标企业的意愿而采取非协商购买的手段，强行并购目标企业；或者并购企业事先并不与目标企业进行协商，而是突然直接向目标企业的股东开出价格进行收购要约
并购后目标企业的法律状态	新设型并购	两家或多家企业合并成一家新企业，原来各家企业解散，取消原法人资格，办理注销登记。合并后的新企业要承接合并企业的全部资产和负债，办理登记手续
	吸收型并购	一家企业吸收另一家或多家企业加入本企业，被吸收方解散，并取消原法人资格，宣告停止经营，办理注销登记；并购企业要承接被吸收企业的所有资产和负债，同时办理变更登记手续，继续享有法人资格
	控股型并购	指并购的双方都不解散，企业以控股的方式并购另一家企业
出资方式	购买资产式并购	使用现金购买被收购企业的全部资产，一般属于吸收型并购。被收购企业成为收购企业的一部分，且取消原法人资格。对产权关系和债权债务关系较清晰的企业来说，该形式不会遗留纠纷，比较适合非上市企业
	购买股票式并购	企业通过出资购买被收购企业的股票，要求被收购企业必须是上市企业。该形式会使股票价格飙升，致使收购成本激增
	股票换取资产	公司向被收购公司发行本公司的股票，从而交换被收购公司的资产。该形式下，双方必须签订协议，收购公司统一承担被收购公司的债务责任，而被收购公司统一解散公司，并将持有的收购公司股票分配给原来的股东
	股票互换	公司直接向被收购公司的股东发行本公司股票，以交换其所持有的被收购公司的股票。一般来说，交换股票的数量至少要达到能够控制被并购公司的持股比例才能达到并购目的

续表

划分依据	并购方式	具体介绍
是否利用杠杆	杠杆收购	指收购企业用自己的少部分本钱为基础，然后从投资银行或其他金融机构筹集、借贷大量或足够的资金进行收购活动，收购后企业的收入（包括拍卖资产的营业利益）刚好支付因收购而产生的高比例负债，这样能达到以很少的资金赚取高额利润的目的
	非杠杆收购	收购企业主要利用自有资本对目标企业进行收购，该形式并非绝对不进行借贷筹资，只是借贷金额较少，收购企业凭借自身强大的经济实力进行收购

除了表 11-1 中介绍的这几种划分依据外，按并购企业是否负有并购目标企业股权的强制性义务，可以划分为强制并购和自由并购；另外，按并购双方是否直接进行并购活动，可以划分为直接并购和间接并购。

知识延伸｜兼并和收购

兼并又称吸收合并，即两种不同事物因故合并成一体。收购指一家企业用现金或者有价证券购买另一家企业的股票或者资产，以获得对该企业的全部资产或者某项资产的所有权，或对该企业的控制权。

企业并购程序是什么

企业并购对企业来说是一件大事，会涉及较多的法律问题和财务问题。为了确保并购工作能够顺利进行，并购双方能够各取所需，企业管理者需要了解并购的一般流程，如图 11-1 所示。

第一步：提出并购意向

由并购的一方或双方提出并购意向，也可由公司的大股东提出。意向经双方确认后，互换相关资料，就并购相关事宜进行谈判。若是吸收合并，双方要明确收购方向被收购方支付多少费用或转让多少股份；若为新设合并，双方要协商各自的资产以哪种方式估价投入新公司等。

第二步：签订并购协议

适用于善意并购，并购各方就并购的具体事宜进行谈判，并达成一致意见后由双方法人代表或其代理人签订并购协议。

第三步：通过并购协议

根据《中华人民共和国公司法》的规定，股东大会对公司合并做出决议，必须经出席会议的股东所持表决权的2/3以上通过才具有法律效力。

第四步：通过债权人同意

并购各方应当在股东决议通过后的法定期限内通知债权人，债权人可在接到通知后的法定期限内提出合并异议。如果债权人超过期限未提出异议，则视为承认合并。

第五步：办理登记手续

公司并购完成后，被并购的公司视情况办理取消原有法人资格的登记手续，并购公司或新设公司要在法定期限内办理变更登记手续或新设立登记，并进行公告。

图 11-1　并购的一般流程

并购与财务的协同效应

前面介绍到，按照行业关系不同可以将并购分为横向并购、纵向并购和混合并购。如今越来越多的企业并购都是混合并购，从财务管理的角度看，企业混合兼并有可能是为了谋求财务协同效应。

财务协同效应指并购举动在财务方面给企业带来收益，包括财务能力提高、合理避税和预期效应。企业并购后通过将收购企业的低资本成本的内部资金投资于被收购企业的高效益项目，使兼并后的企业资金使用效率提高。

下面具体来看财务协同效应的前提条件。

- 在兼并过程中必须有一方（往往是并购企业）资金充裕，由于缺乏可行的投资机会，其资金呈现出相对过剩的状态，兼并时就会向被并购企业提供成本较低的内部资金。
- 被并购方往往缺乏自由现金流量，而其行业的资金需求增长速度较快，需要更多的资金投入。
- 并购企业与被并购企业的资金分布必须是非相关的。只有当一方具有较多的自由资金，而另一方同时缺乏资金时，才能发挥出最大的财务协同效应，否则效果会受到限制。

下面通过具体的案例来看财务协同效应。

例如，烟草公司是从事烟草经营的企业，但是烟草业规模由于“无烟社会”运动的发起而逐渐缩小。该企业董事会经过讨论，决定将其资金投向食品工业，这为原本资金流动困难的食品公司提供了成长的机会。

对于食品公司而言，依托于烟草公司的资金，新产品的开发使其快速发展壮大。这一成功的并购使资金流向了更高回报的投资机会，在并购后的公司中形成了显著的财务协同效应。

根据企业现状选择可行的重组方式

企业重组是对企业的资金、资产、劳动力、技术和管理等要素进行重新配置，构建新的生产经营模式，使企业在重组中保持竞争优势的过程。企业重组可能发生在每个经营阶段。

企业重组的方式是多种多样的，企业管理者进行企业重组价值来源分析时，首先需要界定企业重组方式的具体含义，如表 11-2 所示。

表 11-2　企业重组方式的介绍

方　式	具体介绍
合并	指两个或更多企业组合在一起，原有的所有企业都不以法律实体形式存在，而建立一个新的企业。如将 A 企业与 B 企业合并成为 C 企业
兼并	指两个或更多企业组合在一起，其中一个企业保持其原有名称，而其他企业不再以法律实体形式存在
收购	指一个企业以购买全部或部分股票（或称为股份收购）的方式购买了另一企业的全部或部分所有权，或者以购买全部或部分资产（或称资产收购）的方式购买另一企业的全部或部分所有权
接管或接收	指某企业作为原具有控股地位的股东（通常是该企业最大的股东）由于出售或转让股权，或者股权持有量被他人超过而控股地位旁落的情况
标购	指一个企业直接向另一个企业的股东提出购买他们所持有的所在企业股份的要约，达到控制该企业目的的行为
剥离	指企业将其部分闲置的不良资产、无利可图的资产或产品生产线、子公司或部门等出售给其他企业以获得现金或有价证券
售卖	指企业将其所属的资产（包括子公司、生产线等）出售给其他企业，以获取现金和有价证券的交易
分立	指企业将其在子公司中拥有的全部股份按比例分配给企业的股东，从而形成两家相互独立的股权结构相同的企业
破产	指企业长期处于亏损状态，不能扭亏为盈，并逐渐发展为无力偿付到期债务的一种企业状态

很多企业在进行重组时都会存在两个问题，导致企业重组存在局限性和困难，具体介绍如下。

◆ 片面理解企业重组为企业兼并、企业重组或企业扩张，而忽视其售卖、剥离等企业资本收缩经营方式。

◆ 混淆合并与兼并、剥离与分立等方式。

企业在进行重组时，要充分考虑企业的实际情况，有针对性地重组。下面通过具体的案例来看如何选择重组方式。

A 实业企业是以国有法人股为主的股份公司，主营业务为房地产、航运、高科技、商贸、文化以及旅游等，公司发展迅速，意欲选择较大的投资项目。

B 实业是一家上市公司，它的最大控股股东为 C 集团，B 实业的主营业务为半导体用多晶硅，而非建材产品。

受整个行业不景气的影响，3 家公司主营业务利润甚微，经营艰难，于是 3 家企业协商达成协议，由 A 实业企业以每股 4.30 元的价格受让 B 实业的 1 200 万股普通股，成为 B 实业的第一大股东，占总股本的 35%。

该项协议使 A 实业企业获得一条低成本进入资本市场的有效通道，若要在二级市场完成，A 实业企业至少需要花费约 2.00 亿元资金，而通过协议受让股票的方式，只花了相当于二级市场交易的 1/4 资金。

收购完成后，A 实业企业将通过 B 实业重点发展电子式电能表，有利于扩大生产规模、提高市场占有率，为其未来的发展打下良好的基础。而 C 集团获得 5 000.00 多万元资金进行资本运营，取得了巨大的效益。

上述案例中，A 实业企业通过选择合适的重组方式（控股式兼并），以较小的代价实现企业重组，使多方获利。

企业重组要经历哪些程序

前面介绍了企业进行重组的多种方式，不同的方式对应的程序会有差异，这里主要介绍企业兼并重组的基本流程，如图 11-2 所示。

1. 被兼并企业进行清产核资，清理债权债务，搞好产权界定。
2. 双方共同提出可行性报告，征求被兼并企业债权银行意见并征得主要债权人同意。股份制企业必须通过董事会或股东会决议。
3. 就兼并的有关事宜，通过召开职代会征求双方企业职工的意见。
4. 兼并双方就兼并的形式和资产债权债务担保的处置办法及职工的安置方案等兼并基本内容进行协商，达成兼并意向性协议。
5. 需要企业所在地地方政府提供优惠政策的，应由地方政府提出审查意见。
6. 同级人民政府或授权能代表兼并企业双方出资者的机构部门对兼并做出决定。
7. 修改兼并协议，由企业双方法定代表人签署兼并协议。实施兼并重组，办理资产划转、工商登记和税务登记等手续。

图 11-2　企业兼并重组的基本流程

知识延伸 | 分立重组的步骤

分立重组主要包括5个步骤，分别是：①提出分立意见；②制订分立重组计划；③签订分立协议；④股东大会通过分立重组决议；⑤办理分立登记手续。

重组过程涉及会计科目的变化

企业进行重组，可能会涉及组织结构变化和资产结构变化，由此可知，企业重组会导致会计科目发生变化。作为企业管理者需要了解哪些科目会发生变化呢？

固定资产、库存现金和银行存款。当企业进行资产剥离时，会导致原企业的固定资产减少，由于资产剥离、出售，又会导致相应的库存现金或银行存款的增减变动。

可供出售金融资产。当被重组企业是上市企业时，重组过程会涉及股票的买卖，此时会影响可供出售金融资产的账面数据。

应付票据及应付账款、应收票据及应收账款等。如果企业是重组方，则在重组的过程中可能会向被重组方赊账（兼并或分立时需要重组方支付的费用），进而影响应付票据及应付账款科目；如果企业是被重组方，则可能收到来自重组方支付的账款或票据，进而影响自身企业的应收票据及应收账款科目。

实收资本和资本公积。当企业进行兼并重组或分立重组时，由于企业规模发生变化，所以实收资本也会随之改变，进而改变资本公积。一般情况下，兼并重组会使兼并后企业的实收资本和资本公积增加；而分立重组会使原来的企业的实收资本和资本公积减少。

未分配利润。当企业因被重组而面临解散时，将会考虑分配给股东的未分配利润有多少，在财务报表中也会体现出变化。

财务费用。企业重组的过程会涉及很多手续的办理和款项的收付，所以会有大量手续费支出，即财务费用科目会发生变化。

管理费用。重组过程会有很多既不是销售费用、也不是财务费用的开支，这些开支一般计入管理费用，因此管理费用科目会在企业进行重组的过程中发生改变。

什么情况下企业要宣告破产

企业宣告破产时要向社会发出公告，要依法成立清算组对企业的财务账目进行清算，然后通知债权人前往企业对债权进行申报。

企业要想宣告破产，必须要面临破产事实成立，以及必须满足法律规定的事实状态。根据《中华人民共和国破产法》（以下简称《破产法》）的规定，法院必须进行破产宣告的情形有以下两种。

◆ 企业法人不能清偿到期债务，并且资产不足以清偿全部债务或者明显缺乏清偿能力的，经人民法院审查属实，企业没有进行和解或重整，被人民法院直接宣告破产。

◆ 企业进行重整失败。

知识延伸｜了解重组与重整

重组指企业制订和控制的，将显著改变企业组织形式、经营范围或经营方式的计划实施行为。重组可以在企业经营的任一阶段发生，而重整必须发生在企业破产之后。此外，重组失败，企业还可以选择其他方式使企业继续运营；但是如果重整失败，企业将面临破产清算。

企业如果面临破产，通常有 3 种处理方式，分别是破产重组、破产和解以及直接清算。重整程序与和解程序可以统称为破产重组。破产的具体处理流程如图 11–3 所示。

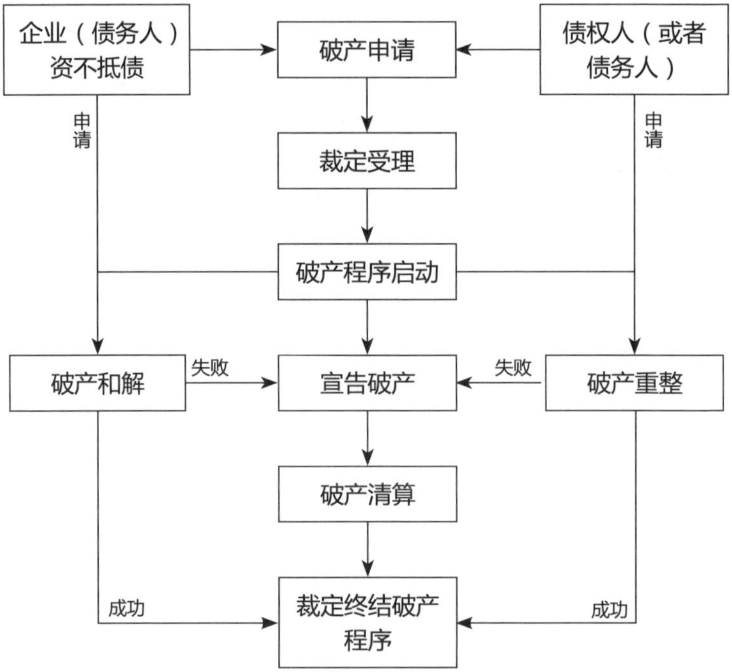

图 11-3　破产的具体处理流程

破产时各财务结构的界定和确认

在企业已经宣告破产并进入破产清算环节后，就需要进行各个财务结构的界定和确认，这一过程中涉及的内容主要有财产、债权、费用和共益债务等的界定和确认。做好此项工作，有利于清算工作的顺利进行，防止企业和公众等各方权益受损。

（1）破产财产的界定和确认

破产财产指企业依法宣告破产后，可以按照破产程序进行清算和分配的企业全部财产。要认定为企业的破产财产，必须是要企业法人可独立支配的财产，必须是在破产程序终结前属于企业的财产，必须是依照破产程序可以强制清偿的债务人的财产。

- 宣告破产时，破产企业经营管理的全部财产。
- 破产企业在破产宣告后至破产程序终结前所取得的财产。
- 应当由破产企业行使的其他财产权利，包括在破产程序结束时尚未到期的、应由破产企业将来行使的财产请求权等。
- 已作为担保物的价款超过其所担保的债务数额的，超过部分也属于破产财产。

破产财产确定以后，通常都需要换算成货币资金，用于清偿债务。一般破产财产通过拍卖的形式进行出售，对于整体设备通常进行整体出售，无法整体出售的，才进行分散出售。

（2）破产债权的界定与确认

破产债权，指在破产宣告前成立的，对破产人发生的，依法申报确认并由破产财产中获得公平清偿的财产请求权。

破产债权中依破产程序受清偿但享有优先权的债权，相对于普通的破产债权，具有优先受清偿的地位。

普通破产债权指的是除了担保债权以外的一般债权债务关系，包括企业因合同关系而产生的各种债权。此类债权大多因正常的商业行为而产生，其确认标准如下。

- **无担保债权：**指企业在破产宣告前成立的、无担保物担保从而不具有优先受偿权利的债权。在债权总额中比重大，债权人人数多，是债权确认的重点。
- **放弃优先债权：**指那些原本具有财产担保，但因自愿原因或者被迫原因而放弃的由担保而形成的优先受偿权利的债权。

- **担保差额债权**：指虽有财产担保，但是担保物的价款不足以清偿财产担保的债权数额。对此担保差额债权，其不足清偿部分，为保障债权人合法权益，一般应将差额部分作为破产债权处理。
- **代保债权**：一个企业的债务由保证人“作保”可提供偿债保障。企业到期不能清偿债务，保证人则承担连带责任。当保证人履行连带责任为企业偿还债务后，保证人有权向债务人追偿。
- **索赔债权**：指企业被宣告破产后，清算组为维护债权人和债务人的合法权益，决定不再履行破产企业的未了合同，由此使合同另一方当事人因解除合同而受到损害，其损害赔偿数额为索赔债权。实际上该债权属于破产债权的一部分。

（3）破产费用和共益债务的界定与确认

破产费用指在破产程序中为全体债权人的共同利益而支出的费用。共益债务指在破产程序中，为债权人、债务人的共同利益所负担的债务。下面具体来看两者包含的内容，如表 11-3 所示。

表 11-3　破产费用和共益债务包含的内容

项目	具体内容
破产费用	①破产案件的诉讼费用；②管理、变价和分配债务人财产的费用；③破产管理人报酬、聘用工作人员的费用和执行职务的费用
共益债务	①因管理人或者债务人请求对方当事人履行双方均未履行完毕的合同所产生的债务；②债务人财产受无因管理所产生的债务；③因债务人不当得利所产生的债务；④为债务人继续营业而应支付的劳动报酬和社会保险费用以及由此产生的其他债务；⑤管理人或者相关人员执行职务致人损害所产生的债务；⑥债务人财产致人损害所产生的债务

（4）破产财产分配

当企业破产后，所有的财产全部拍卖、统计完成后，就会涉及财产分配。分配方案要由破产企业的债权人召开会议通过，再经法院裁定后执行。

企业管理者还需要了解企业破产时的清偿顺序。破产财产在优先清偿破产费用和共益债务后，依照如图 11-4 所示的顺序进行清偿。

清偿破产人所欠职工的工资和医疗、伤残补助、抚恤费用，所欠的应当划入职工个人账户的基本养老保险、基本医疗保险费用，以及法律、行政法规规定应当支付给职工的补偿金。

↓

清偿破产人欠缴的除前项规定以外的社会保险费用和破产人所欠税款。

↓

清偿普通破产债权。

图 11-4　破产财产清偿顺序

破产财产依清偿顺序逐一分配，前一顺序债权全部清偿之前，后面顺序的债权不予清偿。破产财产不足以清偿同一顺序债权的，按照比例清偿。

破产清算时的程序

破产清算指宣告公司破产以后，由清算组接管公司，对破产财产进行清算、评估和处理、分配。破产清算的一般程序如表 11-4 所示。

表 11-4　企业破产清算的一般程序

步　　骤	具体内容
提出破产申请（步骤一）	可由债务人（破产企业）向法院提出，即自愿破产；也可由破产企业的债权人提出，即非自愿破产。提交破产申请书和有关证据时，申请书要载明申请人和被申请人的基本情况、申请目的、申请的事实和理由以及法院认为应当载明的其他事项

续表

步　骤	具体内容
受理破产申请（步骤二）	法院接到破产申请后进行审查，应当从收到破产申请的当天起 15 日内裁定是否受理。债权人提出破产申请的，法院应当从收到申请的当天起 5 日内通知债务人（破产企业），债务人对申请有异议的，应在收到法院通知当天起 7 日内向法院提出异议，而法院要在异议期满当天起 10 日内裁定是否受理
指定破产管理人（步骤三）	法院受理破产申请后指定破产管理人，可以是由相关部门、机构的人员组成的清算组，也可以由依法设立的律师事务所、会计师事务所及破产清算事务所等社会中介机构组成清算组
债权人申报债权（步骤四）	法院受理破产申请后，确定债权人申报债权的期限，该期限将从法院发布受理破产申请公告当天起计算，最短 30 日，最长 3 个月。债权人应在法院确定的债权申报期限内向破产管理人申报债权，管理人收到债权申报材料后登记造册，并进行审查，同时编制债权表
召开债权人会议（步骤五）	债权人会议由依法申报债权的所有债权人组成，该会议将决定债务人在破产期间的重大事项。第一次债权人会议由法院召集，在债权申报期限到期日起 15 日内召开。债权人会议上的决议需要由出席会议的、有表决权的债权人过半数通过，且这些债权人代表的债权额占无财产担保债权总额的 1/2 以上才行。另外，债权人会议可决定设立债权人委员会，负责监督债务人财产的管理和处分、破产财产分配、提议召开后续债权人会议和债权人会议委托的其他工作
宣告破产（步骤六）	法院对符合破产条件的企业下发破产宣告裁定书，正式宣告债务人破产。法院应在破产宣告裁定做出之日起 5 日内告知债务人和破产管理人，自裁定做出之日起 10 日内通知债权人并予以公告
处理破产财产（步骤七）	管理人在法院宣告债务人破产后，接管破产企业，开展清产核资和资产评估等工作，对破产财产和债权进行认定，清理、回收、管理和处分破产企业的财产，并且代表破产企业参加诉讼和仲裁活动。还要及时拟订破产财产变价方案，提交债权人会议进行表决，通过后及时变价出售破产财产
结束清算程序（步骤八）	管理人完成最后的破产财产分配后，要及时向法院提交破产财产分配报告，并提请法院裁定结束破产清算程序。法院应从收到管理人结束破产清算程序的申请之日起 15 日内做出是否结束破产清算程序的裁定。裁定结束的，要予以公告，而管理人要在破产清算程序裁定结束之日起 10 日内，持法院结束破产清算程序的裁定，去破产企业的原登记机关办理注销登记

重整不等于重组

本章前面内容通过“知识延伸”栏目对重整和重组进行了简单介绍，这里将具体区分重整和重组的不同，如表 11-5 所示。

表 11-5 重整和重组的区别

不同点	重整	重组
自主性	由法院主导，属于法庭内的重整，受到法律框架的约束	没有法律框架约束，股东、债权人之间的协商都是自愿的，没有任何强制
司法保护程度	法律提供了一定的司法保护。比如，阻止司法冻结和法院执行、阻止担保权人行使担保权等	由于不是法律程序，不存在司法保护的情形。比如，无法有效阻止司法冻结和法院执行
成本	破产重整程序属于诉讼程序的一种，必然存在一定的法律诉讼成本，但同时也有收益	由于不是法律程序，因此不存在需要支付的法律成本
对经营现状的影响	《中华人民共和国企业破产法》赋予破产管理人对尚未履行完毕的合同享有解除权，管理人行使这种解除权不属于违约行为，企业无须承担违约责任，债权人只能依据公平原则，主张实际损失的赔偿，属于普通债权	完全属于自愿，即使没有达成一致意见，对各方当事人的权利义务也没有任何影响
方案通过条件	并不需要所有的权益人同意，根据规定，只需要“由出席会议的有表决权的债权人过半数同意，并且其所代表的债权额占无财产担保债权总额的 2/3 以上”即可	完全属于自愿，必须取得所有债权人的同意，否则重组方案对不同意的债权人无效
时间效率	重整的每一个环节都有严格的时间限制，能够提高各方当事人的办事效率	由各个当事人的自由意志决定，没有实质的时间限制